两岸融合发展的
平潭探索

罗海成　王秉安　著

海峡出版发行集团 | 福建人民出版社
THE STRAITS PUBLISHING & DISTRIBUTING GROUP | FUJIAN PEOPLE'S PUBLISHING HOUSE

图书在版编目（CIP）数据

两岸融合发展的平潭探索 / 罗海成，王秉安著.
福州：福建人民出版社，2025. 3. -- ISBN 978-7-211-
09747-0

Ⅰ. D618；F127.574

中国国家版本馆CIP数据核字第2024VX4467号

两岸融合发展的平潭探索

LIANG'AN RONGHE FAZHAN DE PINGTAN TANSUO

作　　者： 罗海成　王秉安
责任编辑： 陈　宽
美术编辑： 林　玲
责任校对： 陈　璟
出版发行： 福建人民出版社
电　　话： 0591-87623913（发行部）
网　　址： http://www.fjpph.com
电子邮箱： fjpph7211@126.com
地　　址： 福州市东水路76号
邮　　编： 350001
经　　销： 福建新华发行（集团）有限责任公司
印　　刷： 福建新华联合印务集团有限公司
地　　址： 福州市晋安区福兴大道42号
开　　本： 787毫米×1092毫米　1/16
印　　张： 12.5
字　　数： 190千字
版　　次： 2025年3月第1版
印　　次： 2025年3月第1次印刷
书　　号： ISBN 978-7-211-09747-0
定　　价： 60.00元

目　　录

第一章　平潭综合实验区的设立

平潭与台湾新竹相距仅68海里，是中国大陆距台湾本岛最近的区域。2009年7月底，中共福建省委八届六次全会作出决定，设立福州(平潭)综合实验区，将其定位为探索两岸交流合作先行先试的示范区和海峡西岸经济区科学发展的先行区。自此，平潭成为两岸交流合作的先行先试区域，成为福建对台工作的前沿阵地。

2014年11月，习近平总书记在视察平潭时强调，平潭综合实验区是全国独创，要继续努力探索，真正把平潭建设成为两岸同胞的共同家园。[①] 作为全国唯一的对台综合实验区，平潭综合实验区"因台而设、因台而特"，从设立之初的"合作共建"迈向"融合发展"，体现了平潭在开放开发进程中不同阶段的创新探索和使命担当。2023年9月12日，《中共中央 国务院关于支持福建探索海峡两岸融合发展新路 建设两岸融合发展示范区的意见》发布，赋予福建新的历史重任。当前，在两岸融合发展示范区建设大背景下，平潭正在新的历史起点上再出发。

第一节　平潭综合实验区区情

在开放开发之前，与福建沿海的其他许许多多岛屿一样，平潭承受着台湾海峡的潮起潮落，经历着两岸关系的起起伏伏。2009年夏天，平潭被赋予在推进两岸和平统一大业中的特殊使命，承担起一个特殊的历史责任。平潭作为大陆距离台湾最近的区域，从曾经的两岸对峙的前沿海岛，转变成为两岸交流合作的前沿实验区。

① 《习近平总书记考察福建纪行》，《福建日报》2014年11月17日。

一、平潭区域地理概况

平潭位于福建省东部，四面临海，东临台湾海峡，西隔海坛海峡与福清市为邻，南近莆田市。因海上远望平潭主岛形状如坛，故平潭又名“海坛”；而海坛岛形似麒麟，故又被称为“麒麟岛”。平潭素有“海蚀地貌甲天下，海滨沙滩冠九州”之称，海坛岛上最高峰君山常年岚气氤氲，故平潭也称为“东岚山”，这也是平潭简称“岚”的来由。

平潭位于台湾海峡西部的中间位置，由海坛岛等 126 个岛屿和近千个岩礁组成，陆域总面积 392.92 平方千米，海域总面积 6064 平方千米。平潭岸线资源丰富，岸线总长 408 千米，拥有众多避风条件良好的港湾和深水岸线资源，是著名的渔业基地。平潭主岛为海坛岛，面积 324.13 平方千米，相当于厦门本岛面积的 2.5 倍、香港本岛面积的 4 倍，为我国第五大岛、福建第一大岛。

平潭海坛湾（念望舒　摄）

平潭境内地势低平，中部略高，地形以海积平原为主，南北有孤丘，海岸曲折蜿蜒，主要矿藏资源有花岗岩、石英砂。平潭有天然淡水湖三十六脚湖，是福建省最大的天然淡水湖。平潭气候温和，年降水量1196.2毫米，年均温度19.5℃。

平潭融合了海洋与山脉，白沙滩和海滨森林相间，有100多千米的优质沙滩，以及海蚀洞、海蚀崖、海蚀阶地等特殊地貌，天蓝海更蓝，吸引众多来自各地的游客前来度假休闲。

二、平潭迈上开放开发征途

改革开放后，两岸对峙的神经松弛下来，迎来和平发展新阶段。

2008年5月，台湾岛内发生政党轮替，马英九当局顺应两岸关系发展趋势，两岸关系从陈水扁时期的紧张对立转为和缓、和平发展。此时，两岸关系已站在新的历史起点上，为平潭综合实验区在对台交流合

作中发挥更加重要的作用提供了难得机遇。加快平潭开放开发，对于促进海峡西岸经济区加快发展，推动两岸交流合作向更广范围、更大规模、更高层次迈进，具有重要意义。

2009 年 5 月，《国务院关于支持福建省加快建设海峡西岸经济区的若干意见》（以下简称《若干意见》）发布，其中第三十条中明确提出："扩大'区港联动'政策覆盖范围，在现有海关特殊监管区域政策的基础上，进一步探索在福建沿海有条件的岛屿设立两岸合作的海关特殊监管区域，实施更加优惠的政策。"《若干意见》中出现两个特别的关键词：一是"有条件的岛屿"，二是"更加优惠"。从某种意义上说，这两个关键词正是为平潭开放开发而设计的。同年 7 月，福建省委、省政府根据《若干意见》精神，决定设立平潭综合实验区。

2011 年 3 月，十一届全国人大四次会议审议通过《国民经济和社会发展第十二个五年规划纲要》。其中第五十八章"推进两岸关系和平发展和祖国统一大业"中，专节将"加快平潭综合实验区开放开发"作为"充分发挥海峡西岸经济区在推进两岸交流合作中的先行先试作用，努力构筑两岸交流合作的前沿平台，建设两岸经贸合作的紧密区域、两岸文化交流的重要基地和两岸直接往来的综合枢纽"的一个重要举措提出。

同年 11 月，国务院批复《平潭综合实验区总体发展规划》，赋予平潭比经济特区更加特殊、更加优惠的政策，要求平潭综合实验区建设成为"两岸同胞合作建设、先行先试、科学发展的共同家园"。

2014 年 11 月 1 日，习近平总书记在平潭考察，临别时叮嘱："实验区是全国独创，要继续探索。"① 平潭要充分发挥对台交流合作综合实验区平台作用，不断探索，努力建成两岸同胞的共同家园。

---

① 余小梅：《台海明珠冉冉升起——平潭综合实验区扫描》，《两岸关系》2015 年第 2 期。

第二节　平潭开放开发背景

平潭开放开发是基于特定的历史背景而开启大幕的。这一特定的历史背景，可以从海峡两岸关系和中央对台政策的演进进程，以及福建对台工作地位的变化两个方面来进行考察。

一、海峡两岸关系的演进

福建与台湾之间被一条窄窄的台湾海峡隔开，闽台之间长期以来的交流合作形成了台湾海峡人文圈和台湾海峡经济区。2000 年，习近平同志在《国防》杂志上撰文指出："福建与台湾一水之隔，两岸同胞语言相通、习俗相近、血缘相亲，两岸关系源远流长。"① 被广为认同的"五缘"之说，正是闽台同胞之间特殊关系的写照，即闽台之间具有"地缘相近、血缘相亲、文缘相承、商缘相连、法缘相循"的"五缘"关系。

闽台自古一家亲，同根所生、血脉相连。台湾绝大多数民众的祖籍在福建。福建人是移民台湾、开发宝岛的主体，通过垦猎、商贸、随军、避战、婚嫁等形式陆续迁入台湾，并在台湾繁衍后代，在开发台湾的历史进程中，做出了不可磨灭的贡献。以闽南人为主体的大陆移民一直是闽台历史发展的强劲动力。在荷兰殖民者占领时期，大批福建移民渡台，在荷兰人的殖民体制下顽强地传播着中华文化。闽南人使用的方言、喜爱的戏曲、崇拜的神明随之入台，成为当时台南地区相当重要的文化景观。清朝统一台湾使两岸连为一个整体，移民渡台不仅带去了先进的生产力，也带去了他们赖以生存的文化传统。

20 世纪 40 年代末，国民党败退台湾，形成两岸对峙局面，从此台湾岛与祖国大陆隔离开了。由于外部势力干涉，海峡两岸陷入长期政治对立的特殊状态。连接东西岸的窄窄的台湾海峡，变成了中国内战留在

① 习近平：《加强两岸交流 促进祖国统一》，《国防》2000 年第 3 期。

两岸的一条深深的伤痕。

20世纪50年代到70年代后期，海峡两岸延续内战遗留下的思维定式，“解放台湾”和“反攻大陆”分别成为两岸处理两岸关系的基调。双方剑拔弩张，打打停停，福建成为“对敌斗争”的前沿和可能再次发生战争的“潜战场”，而地处福建沿海的一批岛屿则成为前线要塞。在此背景下，两岸一隔离就是几十年。

20世纪70年代末80年代初是中国现代史上的重大转折时期，中国社会从以“斗争”为主题跨进了以“发展”为主题的新历史阶段。与其相对应，中央对台政策此时也走向了一个新的历史拐点。1979年元旦，全国人大常委会发表《告台湾同胞书》，郑重宣示争取祖国和平统一的大政方针，宣布停止对金门等岛屿的炮击，建议实现两岸通邮、通航、通商和探亲旅游。此后，党中央进一步从全局高度统筹考虑祖国统一问题，标志着两岸关系进入了和平发展新阶段。

1982年1月，邓小平同志提出“一个国家，两种制度”概念，即“一国两制”。1983年6月，他进一步提出解决台湾问题的六条方针，进一步充实了“一国两制”的构想。“一国两制”有其必须坚持的原则性，主要体现在以下两个方面：一是坚持“一国两制”作为祖国统一方针，二是坚持“一国”是“两制”的前提和基础。在承认一个中国原则的前提下，台湾的经济社会制度可以保持不变。这是一个前所未有的、具有历史高度的台湾问题解决方案。

1992年10月，海协会与台湾海基会经两岸双方授权在香港举行商谈，通过反复沟通协商及其之后的函电往来，达成了著名的“九二共识”，其核心意涵包括两个方面：一是海峡两岸同属一个中国，二是共同努力谋求国家统一。① 以坚持一个中国原则为核心的“九二共识”成为两岸关系发展的政治基础和根本原则。

---

① 这是两岸在1992年达成的共识。2000年台湾第一次政党轮替，时任台湾陆委会主委苏起在卸任前，于4月28日在台湾淡江大学举办的国际研讨会开幕致辞时倡议用“九二共识”代称1992年两岸两会在香港会谈对如何处理“一个中国”问题达成的共识。2012年3月，“九二共识”在《政府工作报告》中出现，并在同年10月被首次写入党的十八大报告中。

20 世纪 90 年代，为促进两岸民众便捷往来，在中央的决策部署下，福建省有计划、有步骤地推动闽台直航工作。1992 年 3 月，福建省提出“两门对开，两马先行”的“小三通”构想。1997 年，福州、厦门港被指定为两岸直航试点港口；4 月，两艘福建万吨货轮突破了台湾当局的种种阻挠和限制，直航高雄，开启了两岸直航的试点。①

2001 年 1 月 2 日，“小三通”破冰，厦门到金门、马尾到马祖的“两门”“两马”客运直航启动。当天，500 多名台胞乘坐“台马轮”从马祖直航福州马尾；同日，180 名金门同胞乘坐“太武号”“浯江号”客轮从金门直航厦门。这是两岸分隔 50 多年来的首次客轮直接通航，也成为两岸关系发展进程中的里程碑事件。从此，“小三通”架起了海峡两岸交流与沟通的便捷桥梁，开启了闽台人员直接往来的序幕。在“小三通”探索实施多年的基础上，2008 年 11 月 4 日，海协会与海基会在台北就两岸海运直航、空运直航、直接通邮签署了协议。12 月 15 日，两岸实现了通邮和海运、空运直航。在此背景下，中央对台工作不断推进，两岸关系不断深化。

2010 年 6 月 29 日，海协会和海基会签订了《海峡两岸经济合作框架协议》（Economic Cooperation Framework Agreement，ECFA），自此两岸合作关系开始有了制度性安排。②

2015 年 11 月 7 日，两岸领导人习近平与马英九在新加坡会面，这是自 1949 年以后两岸领导人的首次会面。习近平指出：“2008 年以来，两岸关系走上和平发展道路。过去 7 年，台海局势安定祥和，两岸关系发展成果丰硕。两岸双方和广大同胞为此付出了大量心血。正因为有了

---

① 中央党校采访实录编辑室：《习近平在福建（下）》，中共中央党校出版社 2021 年版，第 95 页。

② 这是海峡两岸之间的双边经济协议，于 2010 年 6 月由两岸两会领导人签订。该框架协议包括序言和 5 章 16 条及 5 个附件，其中有关贸易的规则包含：临时原产地规则、临时贸易救济措施、服务提供者定义、争端解决。该协议旨在逐步减少或消除两岸的贸易和投资障碍，创造公平的贸易与投资环境，进一步增进双方的贸易与投资关系，建立有利于两岸经济共同繁荣与发展的合作机制。

这7年的积累，两岸双方才能迈出今天这历史性的一步。”① 平潭综合实验区正是在两岸关系和平发展的这一大背景下设立、发展起来的。

2016年5月，台湾地区领导人蔡英文上台，拒不承认“九二共识”，单方面破坏两岸关系发展的共同政治基础，支持纵容“台独”分裂活动，阻挠限制两岸交流合作，挟洋自重，不断抛出充斥“两国论”的分裂言论，肆意攻击大陆，煽动两岸敌意，升高两岸对抗，导致两岸关系恶化，协商对话中断，台海形势日趋复杂严峻。

2016年3月5日，习近平总书记在参加十二届全国人大四次会议上海代表团审议时发表重要讲话强调：“我们对台大政方针是明确的、一贯的，不会因台湾政局变化而改变。”“我们将持续推进两岸各领域交流合作，深化两岸经济社会融合发展，增进同胞亲情和福祉，拉近同胞心灵距离，增强对命运共同体的认知。”② 两岸融合发展是推进祖国统一大业的重要路径，这充分体现了党中央在台湾问题上战略自信和战略定力。

2019年1月2日，习近平总书记在《告台湾同胞书》发表40周年纪念会上发表重要讲话强调指出：“不管遭遇多少干扰阻碍，两岸同胞交流合作不能停、不能断、不能少。”“深化两岸融合发展，夯实和平统一基础。”③

2019年3月10日，习近平总书记参加福建代表团审议时指出，福建要“探索海峡两岸融合发展新路”“在推动两岸融合发展上作出示范”。这是习近平总书记对福建深化两岸融合发展提出的新要求和新期望。④

2020年10月25日，习近平总书记在党的二十大报告中强调：“两

---

① 易靖茗：《习近平同马英九会面》，《台声》2015年第22期。

② 本报评论员：《在“九二共识”的政治基础上行稳致远》，《光明日报》2016年3月7日。

③ 习近平：《为实现民族伟大复兴 推进祖国和平统一而共同奋斗——在〈告台湾同胞书〉发表40周年纪念会上的讲话》，《人民日报》2019年1月3日。

④ 任成琦：《用心为两岸融合发展探新路》，《人民日报（海外版）》2019年3月11日。

岸同胞血脉相连，是血浓于水的一家人。我们始终尊重、关爱、造福台湾同胞，继续致力于促进两岸经济文化交流合作，深化两岸各领域融合发展，完善增进台湾同胞福祉的制度和政策，推动两岸共同弘扬中华文化，促进两岸同胞心灵契合。”

2024 年 4 月 10 日，习近平会见马英九一行时强调，“两岸同胞有共同的血脉、共同的文化、共同的历史，更重要的是我们对民族有共同的责任、对未来有共同的期盼。我们要从中华民族整体利益和长远发展来把握两岸关系大局。”①

2024 年 5 月，台湾地区领导人赖清德上台以来，顽固坚持“台独”立场，接连抛出“台独”言论，极力鼓吹分裂谬论，严重挑战一个中国原则，严重破坏台海和平稳定。

然而，两岸关系发展的主导权始终在祖国大陆，始终在历史正确的一边。两岸关系根基在民间，动力在人民。尽管当前台海形势复杂严峻，但两岸各领域交流合作仍在持续推进。在当前两岸关系形势下，平潭综合实验区仍然肩负着探索海峡两岸融合发展新路的历史重任。

二、福建在中央对台工作大局中的定位

由于福建处于台湾海峡西岸的特殊区位，在两岸关系演化过程中，中央高度重视发挥福建在两岸关系发展过程中的独特地位和作用，在对台工作领域赋予福建一系列先试先行政策，安排在福建开展一系列重要对台活动，部署一系列重要对台政策措施在福建先行实践，先后批准了“最早实施对外开放政策的省份”“厦门经济特区”“台商投资区”“海峡西岸经济区”“平潭综合实验区”“中国（福建）自由贸易试验区”“两岸融合发展示范区”等凸显对台特色的战略平台。在福建对台工作中，平潭综合实验区扮演着重要角色，发挥着特殊作用。

第一个战略平台：最早实施对外开放政策的省份。

1979 年，中央确定广东、福建两省在对外经济活动中实行“特殊政策、灵活措施”。广东的特殊机遇是由于对接香港、澳门，而福建的

---

① 《习近平会见马英九一行》，《人民日报》2024 年 4 月 11 日。

特殊机遇则是与台湾的对接。

第二个战略平台：厦门经济特区。

1980年10月，国务院批准厦门设立经济特区，面积2.5平方千米。在厦门、深圳、珠海和汕头设置经济特区是我国对外开放初期阶段的重要战略举措之一。厦门被确定为经济特区也主要出自对台工作考虑。1984年3月，国务院决定把厦门经济特区的范围扩大到整个厦门岛（含鼓浪屿），共131平方千米，并逐步实行自由港的某些政策。

第三个战略平台：台商投资区。

1989年5月，国务院批准设立厦门台商投资区和福州台商投资区。2012年1月，国务院批准设立漳州台商投资区和泉州台商投资区。福建成为大陆设有台商投资区数量最多的省份。

第四个战略平台：海峡西岸经济区。

2005年10月，在党的十六届五中全会上，"支持海峡西岸经济发展"写入《中共中央关于制定国民经济和社会发展第十一个五年规划的建议》。2006年3月，在十届全国人大四次会议上，"支持海峡西岸经济发展"分别写入《政府工作报告》和《国民经济和社会发展第十一个五年规划纲要》。2006年10月，党的十六届六中全会在《关于构建社会主义和谐社会若干重大问题的决定》中，再次重申支持海峡西岸经济发展。2007年10月，"支持海峡西岸经济发展"写入党的十七大报告。2009年5月，《国务院关于支持福建省加快建设海峡西岸经济区的若干意见》正式颁布实施，海峡西岸经济区正式从区域战略上升为国家战略。①

第五个战略平台：平潭综合实验区。

《国务院关于支持福建省加快建设海峡西岸经济区的若干意见》明确提出："在现有海关特殊监管区域政策的基础上，进一步探索在福建沿海有条件的岛屿设立两岸合作的海关特殊监管区域，实行更加优惠的政策"，并指出要"探索进行两岸区域合作试点"。据此，2009年7月，

---

① 2004年1月，福建省十届人大二次会议上首次提出海峡西岸经济区战略，它是在福建省原有发展战略，尤其是在海峡西岸繁荣带战略基础上提出的，既是原有战略的继续，又是原有战略的升华。

中共福建省委八届六次全会正式作出设立福州（平潭）综合实验区的决定，提出积极探索开展两岸区域合作，建立两岸更加紧密合作交流的区域平台，努力把平潭建设成为探索两岸合作新模式的示范区和海峡西岸经济区科学发展的先行区。平潭综合实验区成为一个具有“封关安排”特色的对台工作平台。

平潭二线二通道卡口（念望舒　摄）

2011 年 11 月，国务院批复《平潭综合实验区总体发展规划》，同意平潭实施全岛放开，在通关模式、财税支持、投资准入、金融保险、对台合作、土地配套等方面赋予平潭综合实验区比经济特区更加特殊、更加优惠的政策，规划范围包括海坛岛及其附属岛屿。《平潭综合实验区总体发展规划》包含 8 章共 22 节。8 章分别为：重要意义和开发条件、总体要求和目标任务、发展布局、基础设施、产业发展、社会事业和生态环境、改革开放、保障措施，界定了平潭的目标定位与发展定位。其目标定位为：“努力把平潭建设成为两岸同胞合作建设、先行先试、科学发展的共同家园”。其发展定位为：“突出平潭综合实验区的先行先试功能，创新体制机制，推进两岸更紧密合作，发挥平潭综合实验区在两岸交流合作和对外开放中的先行作用”，将平潭建设成为两岸合作交流的先行区、体制机制改革创新示范区、两岸同胞共同生活的宜居区和海峡西岸科学发展的先导区。①

在《平潭综合实验区总体发展规划》中，对平潭综合实验区的核心定位“两岸合作交流的先行区”是这样诠释的：“积极探索更加开放的合作方式，实行灵活、开放、包容的对台政策，开展两岸经济、文化、社会等各领域交流合作综合实验，促进两岸经济全面对接、文化深度交流、社会融合发展，为深化两岸区域合作发挥先行先试作用。”在这里，首次提出了平潭“社会融合”的概念。

习近平同志在福建工作期间，曾 20 次登上平潭岛考察调研。2014 年 11 月，习近平总书记再次视察平潭，对平潭发展作出了一系列重要指示批示，亲自为平潭擘画了“一岛两窗三区”战略蓝图，为平潭开放开发指明了前进方向，提供了根本遵循。“一岛两窗三区”战略定位是指：国际旅游岛；闽台合作窗口和国家对外开放窗口；新兴产业区、高端服务区、宜居生活区。

第六个战略平台：中国（福建）自由贸易试验区。

2014 年 12 月，十二届全国人大常委会通过了关于授权国务院在中国（广东）自由贸易试验区、中国（天津）自由贸易试验区、中国（福建）自由贸易试验区以及中国（上海）自由贸易试验区扩展区域暂时调整有关法律规定的行政审批的决定。中国（福建）自由贸易试验区包括福州片区、厦门片区和平潭片区三个片区。

2015 年 4 月发布的《中国（福建）自由贸易试验区总体方案》对福建自由贸易试验区的战略定位是：“围绕立足两岸、服务全国、面向世界的战略要求，充分发挥改革先行优势，营造国际化、市场化、法治化营商环境，把自贸试验区建设成为改革创新试验田；充分发挥对台优势，率先推进与台湾地区投资贸易自由化进程，把自贸试验区建设成为深化两岸经济合作的示范区；充分发挥对外开放前沿优势，建设 21 世纪海上丝绸之路核心区，打造面向 21 世纪海上丝绸之路沿线国家和地区开放合作新高地。”立足两岸，发挥对台优势，建设两岸经济合作示范区是中央对福建自由贸易试验区提出的重要任务。

---

① 何晓林、翁敏：《“潮”涌平潭岛》，《中国城乡金融报》2011 年 12 月 23 日。

2018 年 5 月，国务院发布《进一步深化中国（福建）自由贸易试验区改革开放方案》，将平潭自贸片区定位为“开放和创新融为一体的综合改革试验区、深化两岸经济合作示范区和面向 21 世纪海上丝绸之路沿线国家和地区开放合作新高地”。该方案专门就平潭两岸融合定位进行了阐释：“支持平潭建设两岸同胞共同家园，在平潭、厦门、福州开展台胞参与城乡社区治理试点。探索社区居民自治新模式，构建两岸融合示范社区。”建设两岸融合示范社区，成为平潭对台工作的重要任务和努力方向。

第七个战略平台：两岸融合发展示范区。

2023 年 9 月 12 日，《中共中央 国务院关于支持福建探索海峡两岸融合发展新路 建设两岸融合发展示范区的意见》正式发布，从建设台胞台企登陆第一家园、促进闽台经贸深度融合、促进福建全域融合发展、深化闽台社会人文交流、强化组织保障 5 个方面提出了 21 条内容。

意见开篇即指出：“解决台湾问题、实现祖国完全统一，是中国共产党矢志不渝的历史任务，是全体中华儿女的共同愿望，是实现中华民族伟大复兴的必然要求。福建在对台工作全局中具有独特地位和作用。”发挥福建对台工作优势，服务祖国统一大业，正是当前推进两岸融合发展示范区建设的重大意义所在。

意见强调：“福建在对台工作全局中具有独特地位和作用”“支持福建探索海峡两岸融合发展新路、建设两岸融合发展示范区”，这是基于闽台融合发展历史渊源与当代实践的对台独特优势作出的战略部署。

首先，从历史看，闽台融合有其内在深厚的渊源。

福建与台湾隔海相望，具有天然的地理联系。除早期住民外，台湾居民多是三四百年来大陆移民的后代。福建先民在开发台湾的历史进程中做出了不可磨灭的贡献。福建人是迁移台湾、开发宝岛的主体，福建人和福建地方官吏在台湾历次建置沿革中都是主角。闽台两地同根所生，血脉相连。闽台渊源概括了自古以来闽台之间的人与人、人与事物的各种关系，内涵极为丰富，又超越了闽台政治制度和意识形态的差异。

历史上，闽台一体的行政区划设置由来已久。清康熙二十三年

(1684)，台湾设府。台湾是福建的第9个府，八闽“益一而九”，号称“九闽”。光绪十一年（1885），台湾建省。清廷明令：“台湾虽设行省，必须与福建联成一气，如‘甘肃新疆’之制，庶可内外相维。”同“甘肃新疆”之制一样，台湾省的全称是“福建台湾”。台湾光复后，1945年10月22日，于右任在“国防最高委员会”第170次常务会上发言：“呈以台湾省光复，其监察机构亟宜设立。闽台地区接近，拟请合福建台湾为一监察区，其原有闽浙监察区内之浙江省，划出为浙江监察区。请鉴核备案。”会议决议通过。从这些历史变迁，我们可以清晰地看到“福建台湾府”“福建台湾省”到“闽台区”的渊源。①

其次，从当代看，闽台融合发展不断探索推进。

福建是习近平新时代中国特色社会主义思想的重要孕育地和实践地，习近平同志在福建工作期间提出了系列对台工作创新理念并推动重要实践。1992年除夕，时任中共福州市委书记的习近平同志通过《海峡之声》发表广播讲话，在向台湾同胞的新年贺词中提出：我们期待着进一步扩大榕台文化、科技、体育、学术等方面的交流和合作。”习近平同志强调要扩大榕台交往和各种交流，促进全方位对台交流合作，全面深化交流合作内容。② 2000年11月，习近平同志在《关于制定福建省国民经济和社会发展第十个五年计划建议的说明》中指出：“要认真贯彻中央对台工作方针部署，本着‘优势互补、互惠互利、共同繁荣’的原则，不断拓展闽台经贸合作领域和方式，为早日实现祖国统一大业作出更大贡献。加强闽台电子、汽车、石化等方面的合作，逐步实现闽台产业对接。”③ 这里强调通过闽台交流合作，“逐步实现闽台产业对接”，实质上就是体现了闽台产业融合发展的理念。习近平同志强调：“引进台湾资金和先进技术，……有利于促进两岸关系发展，形成你中

---

① 汪毅夫：《建设两岸融合发展示范区：历史经验与未来展望》，《闽台关系研究》2023年第3期。

② 本书编写组：《闽山闽水物华新——习近平福建足迹（下）》，福建人民出版社2022年版，第705页。

③ 习近平：《关于制定福建省国民经济和社会发展第十个五年计划建议的说明》，《福建日报》2000年11月7日。

有我、我中有你的互补互利、共同发展格局，进而促进祖国和平统一。”[①] 这里的“你中有我、我中有你”实质上就是指闽台双方的融合发展。2014 年 11 月，习近平总书记在福建考察平潭综合实验区时指出：“两岸同胞同祖同根，血脉相连，文化相通，没有任何理由不携手发展、融合发展。”[②] 这是习近平总书记首次公开提出两岸“融合发展”概念，也是对两岸融合的更大范畴、更深层次的重要论述。

在两岸关系发展史上，福建多次扮演两岸融合发展“第一”的重要角色。1987 年 11 月，两岸关系解冻，第一批台胞就是经由福建厦门的和平码头登陆。2001 年 1 月，“两门对开、两马先行”的“小三通”开启，福建成为台胞台企登陆的第一通道。2009 年 7 月，第一个因台而设的综合实验区在福建平潭设立。2014 年 12 月，福建设立大陆唯一的对台定位的自由贸易试验区。推动两岸融合发展示范区建设，福建拥有长期来对台交流合作的重要基础和特殊优势。

《中共中央 国务院关于支持福建探索海峡两岸融合发展新路 建设两岸融合发展示范区的意见》的发布，意义重大而深远，同时也对新时代福建对台工作提出了新任务、新要求和新使命。一方面，意见是深入贯彻落实新时代党解决台湾问题的总体方略的系统举措。2019 年 1 月，习近平总书记在《告台湾同胞书》发表 40 周年纪念会上提出“深化两岸融合发展，夯实和平统一基础”等重大政策主张。习近平总书记多次对福建探索海峡两岸融合发展新路作出重要指示，要求福建在推动两岸融合发展上作出示范。2021 年 3 月，习近平总书记在福建考察时明确指出，福建“要突出以通促融、以惠促融、以情促融”“在探索海峡两岸融合发展新路上迈出更大步伐”。2022 年，习近平总书记在党的二十大报告中进一步强调，“继续致力于促进两岸经济文化交流合作，深化两岸各领域融合发展”。意见对福建如何推进两岸诸多领域的融合发展提出了系统、具体的支持政策，是深入贯彻落实对福建对台工作指示精

---

① 中央党校采访实录编辑室：《习近平在福建（上）》，中共中央党校出版社 2021 年版，第 112 页。

② 《全面深化改革全面推进依法治国 为全面建成小康社会提供动力和保障》，《光明日报》2014 年 11 月 3 日。

神的具体行动部署。另一方面，意见体现了“以我为主”，深化融合发展，促进祖国统一的高度自信。当前两岸关系复杂严峻，尤其是台当局对两岸交流肆意阻挠，意见突出了两岸融合发展这一主线，充分展现了中央让台胞分享大陆发展机遇的诚意和善意，支持福建在多方面先行先试，单方面先行对台开放，畅通台胞往来通道，吸引台生来闽求学研习、鼓励台胞来闽就业、扩大台胞社会参与、便利台胞在闽生活等，促进在闽台胞深度融入，以两岸融合发展来服务推进祖国统一大业。支持福建建设两岸融合发展示范区，还将为祖国统一后推动两岸双向融合发展、两岸同胞心灵契合开展先行探索并积累经验，这更具有深远的前瞻性意义。

与此前相关政策相比，意见体现了两个“新”：新高度和新特色。一是中央政策支持的新高度。两岸关系破冰以来，中央出台了许多支持福建对台交流合作的政策，而这次的意见是首次以中共中央和国务院的名义共同发布的，充分体现了中央对福建在对台工作全局中独特地位和作用的肯定和重视。意见提出了一些突破性的支持政策，对闽台融合发展具有非常重要的意义。二是福建对台工作的新特色。意见的一个突出特点是“全域”，这个“全域”可以理解为“全区域＋全领域”。“全区域”，是指要建成覆盖福建全省各区域的两岸融合发展示范区，福建省各地都要发挥各自优势开展特色对台工作，不同区域要在不同特色方面作出融合发展示范。意见对福建省各地开展特色融合实践提出了具体要求。“全领域”，是指福建在建设两岸融合发展示范区过程中，要在对台工作各个领域创新探索推进，作出融合发展示范，意见涉及闽台经贸、闽台人文交流等方方面面的融合实践。

意见突出了各地特色优势与特色对台工作，将平潭列为两岸融合发展重点区域，在总体要求中特别强调提出了“平潭综合实验区对台融合作用充分发挥”的工作目标，并明确了平潭综合实验区开放发展的重点任务。在两岸融合发展示范区建设中，平潭综合实验区又在新的起点上承担起两岸融合发展的新任务、新使命。

意见指出，支持平潭综合实验区加快构建全方位对台开放格局，逐步构建对台投资贸易自由化便利化政策体系，扩大对台跨境服务贸易开放，探索建设两岸共同市场先行区域，支持平潭综合实验区建设更加便捷的两岸往来通道，研究放开台湾信息服务等行业准入，研究探索加快扩大教育开放相关举措。为加快建设两岸融合发展示范区，2023 年 12 月 28 日，中共福建省委、福建省人民政府出台《关于贯彻落实〈中共中央 国务院关于支持福建探索海峡两岸融合发展新路 建设两岸融合发展示范区的意见〉的实施意见》，提出工作要求，部署具体任务，强调要在深化厦门、福州、平潭等重点区域两岸融合发展的同时，以点带面，整体推进，推动福建省各地区全域融合发展，构建福建全域融合发展新格局。

上述实施意见对加快平潭综合实验区开放发展进一步提出了具体任务和要求：打造两岸共同市场先行区域，优化海关监管模式，推动两岸贸易结算便利化，进一步扩大对台小额贸易，打造两岸农渔产品贸易重要通道和中药材交易平台，推动服务贸易创新发展。推出简化台商台企在平潭综合实验区投资审批程序的相关措施，推动放开台湾信息服务行业准入，扩大对台教育合作。构建更加便捷的两岸往来通道，培育对台直航通道，推动优化平潭综合实验区至台湾本岛客货运航线，适时开通平潭综合实验区至台湾邮轮航线，推进游艇旅游合作，扎实推进一批对台基础设施联通项目建设。

2024 年 8 月 23 日，中国共产党福建省第十一届委员会第六次全体会议通过《中共福建省委关于贯彻党的二十届三中全会精神进一步全面深化改革 奋力推进中国式现代化福建实践的决定》，其中“积极探索海峡两岸融合发展新路”部分强调，要加快平潭综合实验区开放发展，推进“一岛两窗三区”建设，打造更加便捷的两岸往来通道，构建全方位对台开放格局。

2024 年 10 月 15 日至 16 日，习近平总书记再次来福建考察并发表重要讲话，强调“在探索海峡两岸融合发展新路上迈出更大步伐”“建设好两岸融合发展示范区”。[①] 在两岸融合发展示范区建设的背景下，

---

① 《扭住目标不放松 一张蓝图绘到底 在中国式现代化建设中奋勇争先》，《人民日报》2024 年 10 月 17 日。

平潭正迈向探索海峡两岸融合发展新路的新征程和新阶段。

第三节 平潭综合实验区的设立

将平潭设立为两岸合作共建的综合实验区，作为“两岸交流合作前沿”，并以两岸交流合作作为其核心建设路径，两岸共同建设、共同管理，开展全方位的交流合作，是福建开展对台交流合作先行先试的重要举措，为两岸关系和平发展开启新路。

一、平潭综合实验区设立的重大意义

在平潭设立两岸合作共建的综合实验区，旨在从两岸合作角度出发，探索创新两岸交流合作模式，促进两岸经济社会共同发展。

一是有利于以经济融合促进两岸其他领域融合。在平潭设立两岸合作共建实验区，是贯彻落实中央深化两岸融合发展意见的具体措施与行动。福建可以充分发挥中央政府所赋予的对台先行先试政策，从争议较小的经济贸易领域着手，探索建立具有两岸特色的经济合作机制，促进两岸经济融合，从而驱动两岸价值和制度趋近、两岸共同发展，以经济融合促进两岸其他领域融合，为祖国统一大业做出重要示范。

二是有利于搭建链接国内外市场的桥梁。通过在平潭设立合作共建实验区平台，在关税、财政、金融、贸易等方面实行特殊政策，能有效吸引境外投资，成为沟通大陆、台湾市场，以及国内、国际市场的重要桥梁，为台商进入大陆市场创造条件，也为福建乃至大陆其他省份企业参与国际市场竞争搭建更便捷的桥梁，全面促进进出口贸易、转口贸易、出口加工业的发展，是促进海峡西岸经济区和台商投资相对集中地区发展的重大举措。

三是有利于建设服务周边地区的对外开放综合通道。发挥平潭区位优势，开展两岸交流合作综合实验，有利于将港口服务强力辐射到江西、湖南等内地区域，使这些区域需要港口运输服务的当地企业不用到沿海港口办理装卸、报关、检验检疫等一系列手续，可节省人力、物

渔平枢纽（念望舒　摄）

“台平欧”载货列车从江阴铁路光线启程（念望舒　摄）

力、时间等成本，将使福建成为中部地区的海峡快捷直达通道，成为服务周边地区的对外通道，同时也成为便利两岸人民往来的重要通道，成为两岸交流交往、直接“三通”的主要通道和平台。

四是有利于提升两岸在全球经济中的整体竞争力。随着东盟“10+1”“10+3”合作机制的建立，以及《区域全面经济伙伴关系协定》(RCEP) 的签订，台湾经济将面临更大的挑战。通过在平潭设立两岸交流合作综合实验区，有助于推动两岸港口的合作与联动，在全球供应链的物流、信息流、资金流中培育新的中心节点，一则可避免台湾经济被边缘化，二则可促进两岸经贸更紧密合作，创新区域合作机制，降低经贸成本，推进两岸供应链产业链互联互通，促进两岸经济发展，增强两岸在全球经济中的整体竞争力。

二、平潭综合实验区的具体区域界定

平潭两岸合作共建综合实验区以平潭全岛为主体，在全岛推行两岸交流合作特殊政策，实行封闭管理。在综合实验区设立之前，截至2008年末，平潭陆地面积392.92平方千米，海域面积6064平方千米，总人口38.47万人，地区生产总值为60.49亿元。

三、平潭综合实验区的设立条件优势

在平潭设立两岸合作共建综合实验区，具有独特的优势条件，易于实现全岛封闭管理，实施特殊的制度安排，符合《国务院关于支持福建省加快建设海峡西岸经济区的若干意见》设定的条件要求。

一是地理优势。平潭有福建第一大岛海坛岛，海域面积广大，海岸线漫长，人均海岸线长度居全省首位，拥有众多避风条件良好的港湾和深水岸段，可建优质港口数十处，其中可建万吨级以上港口的有十多处，具备建设国际商港的条件，具有天然的海关监管要求的隔离条件。

二是区位优势。平潭距台湾新竹仅68海里，是大陆距台湾本岛最近的地方，具有对台合作的独特区位优势。1978年，平潭最早被批准设立台轮停泊点和台胞接待点。1981年，东澳港被定为福建省最早设立的4个台轮停泊点之一。1992年，南中港被增辟为平潭第二个台轮停泊点。同时，平潭位于福建省中东部沿海，与台湾北部地区有良好的交流合作基础，设立平潭综合实验区，还将有利于改善福建省对台合作长期以来“南强北弱”的局面，进而增强福建对台合作的整体实力，改善福建对台工作总体格局。

三是交通优势。平潭具有一定的基础设施条件，拥有5000吨级金井码头，该码头为国家二级口岸，稍加改造就可提升为一级口岸，对外开放。规划中的京台高速公路、铁路、台湾海峡隧道出入口，将平潭列为备选地之一。2007年11月30日，平潭海峡大桥正式动工兴建，项目总投资超11亿元，平潭开始了架桥圆梦的征程。2010年11月30日，平潭海峡大桥通车，这是福建省第一座跨海大桥，桥梁长3510米，将平潭与福州福清市连成一体，结束了平潭依靠轮渡进出的历史。2013年11月，平潭海峡公铁两用大桥动工建设，起于福州长乐市松下镇，经人屿岛、长屿岛、小练岛、大练岛，从苏平镇上平潭海坛岛，全长16.34千米。大桥下层设计为时速200千米的双线I级铁路，上层设计为时速100千米的双向六车道高速公路。2019年9月25日，完成全部桥梁合龙工程，大桥全线贯通。2020年10月1日，公路段通车试运营；同年12月26日，铁路段通车运营。平潭较完备的海陆空交通网络优势不断显现。

平潭海峡大桥及复桥（念望舒　摄）

四是资源优势。平潭森林覆盖率达35%，海坛风景名胜区已成为第一批国家自然遗产，被建设部列入申报世界自然遗产预备清单，是中国沿海待进一步开发的世界级旅游观光休闲目的地之一。优美的自然环境是良好的人居环境的重要组成部分，将吸引两岸人民前来旅游休闲、购物消费。

五是人才优势。平潭距离福建省会城市福州市区70千米左右，平潭海峡大桥和高速公路连接线建成通车后，1小时即可到达。省会城市丰富而优质的人力资源，将为平潭开放开发提供有力的支持。

六是后发优势。平潭长期作为“对台前线”，经济发展相对滞后，产业结构未发展成形，城市化进程尚处于初期阶段，具备后发优势。平潭的发展现状有利于对平潭两岸合作共建综合实验区进行整体规划与建设。

四、平潭综合实验区的发展战略定位

平潭综合实验区发展战略定位主要体现在以下几个方面：

平潭海峡公铁两用大桥（念望舒　摄）

一是两岸交流合作综合实验区。两岸全面交流合作涉及经济、社会、文化、政治诸多层面，在祖国统一大业的推进过程中，两岸交流合作要从低敏感度领域向高敏感度领域探索，而且经济、社会、文化、政治等领域又是相互关联的，在两岸融合发展过程中，需要进行综合性的系统探索。平潭综合实验区的设立，就是赋予平潭从多方面、多领域开展实验探索的重要使命和任务。

二是两岸交流合作的突破口。福建在对台工作全局中具有独特地位和作用，是两岸交流合作的先行区，而平潭则是福建的先行区，平潭两岸合作共建实验区在经济、社会、文化、政治等领域率先实践，重点突破，将为两岸合作交流积累重要经验。

三是台湾与大陆对接的“前沿区”。平潭通过经济、社会、文化等领域与台湾地区开展交流合作，有助于在两岸之间搭建多领域合作先行的桥梁，成为两岸经济、社会双向对接的前沿平台。

四是福建的新兴海岛港口城市。通过两岸交流合作综合实践，平潭

将成为福建省经济发展的新增长极；通过整合两岸同胞的共同智慧，为平潭的经济、社会发展进行全新规划，平潭将发展成为福建新兴的海岛城市。

五是两岸建设共同家园的“试点区”。平潭在两岸交流合作的基础上，将成为两岸同胞和睦相处的共同家园建设探索的重要试点区域。

六是中华民族崛起的“新特区”。如同改革开放初期平地崛起的深圳、珠海等特区那样，平潭综合实验区要成为大陆东南沿海的经济新增长极，以及两岸同胞联手推动中华民族伟大复兴的“新特区”。

平潭综合实验区成立以来，中央的决心、民族的认同和福建人民的努力，让平潭在短时间内得以快速发展。但由于原有基础薄弱，开放开发时间短，平潭两岸融合发展也面临诸多挑战。从平潭开放开发、设立平潭综合实验区，到两岸深度融合发展，是一个动态的演进过程。在此意义上来说，平潭两岸融合发展研究正处于“进行时”，在两岸关系变化的大背景下，要持续、动态探讨如何营造一个使两岸交流合作更便利的社会环境，推动平潭成为推进两岸融合发展的特殊平台，以更好承担推进两岸关系和平发展、实现祖国统一的特殊历史使命和时代担当。

第二章 从两岸合作共建到两岸融合发展

平潭综合实验区发展目标定位之一是创建两岸交流合作的先行区。在两岸交流合作基础上，在深化两岸融合发展进程中，在经济、社会、文化等领域持续创新探索，是平潭综合实验区开放开发、与时俱进的应有之义。本章主要阐述平潭两岸合作共建探索、平潭两岸合作共建“五个共同”模式，以及平潭迈向两岸融合发展新征程等方面内容，通过回顾平潭综合实验区为推进两岸关系和平发展及祖国统一大业所做的努力和探索，在深化两岸各领域融合发展的背景下，剖析处于特定两岸关系中的“五个共同”的局限性，进而提出“三个融合”体系。

第一节 平潭两岸合作共建探索

平潭综合实验区具有对台交流合作的独特优势。加快平潭开放开发，发挥平潭在对台交流合作中的特殊作用，对于推动两岸交流合作向更广范围、更大规模、更高层次迈进，具有重要意义。平潭综合实验区作为对台定位的综合实验区，在推进两岸关系和平发展、实现祖国统一大业进程中被赋予了特殊时代任务和历史使命。

一、从海峡西岸经济区到平潭综合实验区

长期以来，福建受困于历史遗留综合症：因是“前线”，政府投入不足，民间投入也不足，导致发展滞后。1978 年，福建省地区生产总值为 66.37 亿元，在 31 个省（市、区）中居第 23 位，人均地区生产总值居第 22 位。改革开放后，福建又饱受相邻的两大经济增长极——以

上海浦东为龙头的长三角经济区和以深圳特区为龙头的珠三角经济区的“虹吸效应”的冲击，成为我国东部经济发达地区中的发展“洼地”。

尽管如此，福建历任领导班子勇于突破，前瞻性发展，千方百计带领福建人民努力改变这一被动局面：①

1981年，福建省委常务书记项南提出“大念山海经，建设‘统一祖国’基地在内的八大基地”的战略决策。这八大基地分别是林业基地、海洋基地、经济作物基地、牧业基地、轻工基地、外贸基地、科教基地、统一祖国基地。其中，“统一祖国基地”就是福建省在这一时期的对台战略定位。

1995年，福建省委书记贾庆林在福建省第六次党代会上提出“以厦门经济特区为龙头，加快闽东南开放与开发，内地山区迅速崛起，山海协作联动发展，建设海峡西岸繁荣带，积极参与全国分工，加快与国际经济接轨”。其中，“海峡西岸繁荣带”概念第一次突出了“海峡西岸”这一福建战略定位关键要素与符号。建设海峡西岸繁荣带的目标是由福州、厦泉漳两大城市圈共同组成的沿海发达城市密集区连绵成片，形成一条辐射面更宽的经济繁荣带，参与和对接长三角、珠三角在产业上的分工与协作，并创造条件与海峡东岸经济圈组合，成为我国又一经济增长极。从某种意义上来说，海峡西岸繁荣带可以看成是海峡西岸经济区的前身。

2004年1月，福建省省长卢展工在福建省十届人大二次会议上提出“海峡西岸经济区”概念。2005年1月，福建省十届人大三次会议审议通过《关于促进海峡西岸经济区建设的决定》。2007年1月，福建省人大十届五次会议审议通过《福建省建设海峡经济区纲要》。2007年10月，中央正式认同“海峡西岸”概念，“支持海峡西岸和其他台商投资相对集中地区经济发展”写入党的十七大报告中。2009年5月，《国务院关于支持福建省加快建设海峡西岸经济区的若干意见》（国发〔2009〕24号）正式颁布实施，标志着海峡西岸经济区正式从区域战略

① 钟健英：《从大念“山海经”到建设海峡西岸经济区——改革开放以来福建发展战略的演变》，《福建史志》2008年第6期。

上升为国家战略。

海峡西岸经济区东与台湾地区一水相隔，北承长江三角洲，南接珠江三角洲，是我国沿海经济带的重要组成部分，在全国区域经济发展布局中处于重要位置。福建省在海峡西岸经济区中居主体地位，与台湾地区地缘相近、血缘相亲、文缘相承、商缘相连、法缘相循，具有对台交往的独特优势。海峡西岸经济区是一个涵盖经济、文化、社会等各个领域的综合性概念，其总的目标任务是“对外开放、协调发展、全面繁荣”，基本要求是经济一体化、投资贸易自由化、宏观政策统一化、产业高级化、区域城镇化、社会文明化。海峡西岸经济区包括福建省的福州、厦门、泉州、漳州、龙岩、莆田、三明、南平、宁德，以及浙江省的温州、丽水、衢州，江西省的上饶、鹰潭、抚州、赣州，广东省的梅州、潮州、汕头、揭阳等，共计 20 个市。中央批复的海西区概念与福建省早期提出的海西区概念相比，其侧重点有所不同。中央对海西区的四个战略定位分别是两岸人民交流合作先行先试区域、服务周边地区发展新的对外开放综合通道、东部沿海地区先进制造业的重要基地和我国重要的自然和文化旅游中心。这些定位清晰表明和突出了海峡西岸经济区的存在价值在于发挥好其在祖国统一大业中不可替代的特殊作用。“两岸人民交流合作先行先试区域”是海峡西岸经济区发展的战略与政策的出发点。平潭综合实验区也正是在这一战略定位基础上创新探索的成果。

然而，在既有行政生态体系中，海峡西岸经济区概念的可操作性受到了挑战和制约。一方面是“统管”问题。在现行五级行政结构中，省级区域下辖市级区域，市级区域在行政上直接服从所处省级区域领导指挥。然而，海峡西岸经济区涵盖 20 个市级区域，其中福建省 9 个、广东省和江西省各 4 个、浙江省 3 个，这 20 个市级区域并不是同属一个省级区域政府统管。换言之，一半以上的市级区域不属于承担海峡西岸经济区主体责任的福建省委、省政府统管。此外，制度设计中并没有设立由闽、浙、粤、赣 4 个省级行政部门组成的机构来负责统筹推进海峡西岸经济区发展事宜。另一方面是“边界”问题。海峡西岸经济区的陆地边界是福建省与其他 3 个省 11 个市的“市界”重叠，是一个“弱边界”概念，对于海峡西岸经济区发展的支持度是极为有限的。

2008年，认同“九二共识”的中国国民党在台湾地区领导人选举中胜出，两岸关系向缓和方向转变的态势明显。在此背景下，海峡西岸经济区建设逐步进入实施阶段。

2008年下半年，福建省委组织开展专题调研，对福建沿海的一些岛屿进行考察，探索推进海峡西岸经济区建设的突破口。

2009年5月，《国务院关于支持福建省加快建设海峡西岸经济区的若干意见》颁行，特别提到“在现有海关特殊监管区域政策的基础上，进一步探索在福建沿海有条件的岛屿设立两岸合作的海关特殊监管区域，实施更加优惠的政策”。当年7月，中共福建省委八届六次全会就作出了设立福州（平潭）综合实验区的决定。从此，平潭综合实验区就成为福建推动两岸交流合作的一个新的突破口和新的工作抓手。

二、两岸特色经济合作机制建设的平潭试点

在两岸关系积极发展的背景下，探讨两岸特色经济合作机制试点链，探索新的突破途径，有助于加快两岸经济深度对接，推进两岸关系和平发展。

两岸特色经济合作机制试点链节点区域是两岸的过渡带，是两岸不同制度的交融区，是一种有利于两岸关系和平发展、促进两岸走向和平统一的全新探索。

创建两岸特色经济合作试点链的基本设想，就是在台湾海峡两岸选择能在地理上实现相对隔离的区域，探索建立具有两岸特色的经济合作机制，锻造“金拉链”，形成紧密型点对点对接体系，来弥合中华民族在台湾问题上的历史伤痕，推动两岸关系和平发展。

创建两岸特色经济合作机制试点链意义特殊，可实现两岸共赢。一方面，对于海峡西岸而言，数点联动，南北成线，可以形成全面对接态势；实行封关管理，可以提供两岸合作交流最佳试验环境；节点多样化，可以比较多种试验模式；培育区域新经济增长极，可以向公众传递海峡两岸和平发展的明确信息。另一方面，对于台湾地区而言，试点区域为其经济发展提供了新的空间；试点链既是特殊安排的区域，又是大

陆市场的一部分，可为台湾企业开拓潜力巨大的大陆市场提供最佳平台，成为其进入大陆市场的“桥头堡”；试点区域处于大陆关区内，又对台湾企业高度开放，可成为台湾参与大陆加入的许多自由贸易区域的“间接通道”。

在此设想下，两岸特色经济合作机制试点链选取的节点区域应具备相应的条件：区域相对独立，能够设卡进行隔离管理；具有较大的地理空间和相对低的人口密度，土地面积不小于30平方千米；具有建设良港的基础条件；节点区域分布相对合理，能形成链状体系；具有后发优势，避免过强经济发展惯性制约。

两岸特色经济合作试点链的发展定位和发展目标是：建设成为对台合作交流先行先试的示范区、两岸合作交流主通道、两岸新行业对接区、两岸文化交流合作基地、两岸事务重要协商地。

创建两岸特色经济合作试点链的指导思想是：把握发展主体，推进两岸交流合作；以让促合，以合促和，以和促统，“让出一块，对接起来”；解放思想，努力尝试；因地制宜，分步推进，在不同节点推进不同的试验重点任务。

构建两岸特色经济合作试点链应遵循以下基本原则：封关管理，双向开放；各具特色，构成体系；先经济，后社会，再政治，先易后难，先浅后深，逐步推进；做到“共创共建共管”。其中，封关管理和共创共建共管是最核心的原则。只有封关管理的体系创新，才能实现共创共建共管的顶层制度设计，而共创共建共管是两岸合作交流的精髓。这两个重要原则的提出是基于以下考虑：和平发展要靠两岸人民共同完成，两岸合作交流要靠民众共同推进，在试点链的创建与建设过程中需要邀请台湾方面参与，建立两岸共同谋划设计、两岸共同开发建设、两岸共同运营管理的氛围与机制，在创造共赢成果的过程中，消除误会，达成共识，积累经验，塑造两岸合作交流的示范样板。

两岸特色经济合作试点链的运行机制主要包括：综合保税、区内特税、落地免签、职证同效、就业自由、台币流通。其中，综合保税是指试点链内区域实施更加完善的海关特殊监管区关税优惠；区内特税是指试点链内区域是低税率区，税率水平比照香港等地，与国际自由港区持平；落地免签、职证同效和就业自由是指两岸同胞在试点链内区域享受同等待遇；台币流通是指在试点链内区域开展新台币兑换业务，深化两岸金融合作，推动两岸货币清算。

基于上述设想，笔者结合福建对台交流合作实际，提出以下两岸特色经济合作试点链的节点区域的方案构想，它是福建沿海自北而南 6 个节点城市与台湾 6 个节点城市构成的试点链条。其中，福建的 6 个节点城市，从北到南分别是：

宁德市节点区域一个：三都澳港区的东冲半岛。东冲半岛的建设构想是：充分发挥深水港和待开发的东冲半岛优势，推进天然良港三都澳港与台湾基隆港的深度对接，通过两岸共创、共建、共管，打造两岸临港产业合作交流区和台湾海峡北部水水物流中转的中心枢纽。

福州市节点区域两个：平潭海坛岛和琅岐岛。(1) 平潭海坛岛的建设构想是：设立平潭两岸合作交流综合实验区，发挥平潭作为两岸合作交流前沿的优势，以两岸合作海关特殊监管区为核心平台，通过两岸共创、共建、共管，开展两岸全方位合作交流的综合实验，探索两岸和平统一新途径。(2) 琅岐岛的建设构想是：设立两岸 IT 产业紧密合作区，通过两岸共创、共建、共管，以 IT 产业为重点，加快两岸产业对接，促成两岸产业紧密合作。

莆田市节点区域一个：忠门半岛（含湄洲岛）。忠门半岛的建设构想是：充分发挥两岸共同信奉“海上女神”妈祖的独特优势，运用封关管理，对台湾同胞实施更大限度的开放，通过两岸共创、共建、共管，打造台湾海峡妈祖文化合作交流试验区，“用文化搭建两岸第二座桥梁”，推进两岸和平发展。

厦门市节点区域一个：翔安区。翔安区的建设构想是：鉴于翔安（含大嶝岛）与金门的特殊地理位置和历史积淀形成的特殊区域关系，翔安和金门可以共建一个由两个不同制度构成的特殊区域——翔金合作共建区。通过共创、共建、共管，开展两岸和平发展中非常特殊的试验——“一区两制”试验，为“一国两制”发展积累经验，建立样板。

漳州市节点区域一个：东山岛。东山岛的建设构想是：发挥离岛特殊地位，通过特殊安排，东山岛和澎湖岛及周边小岛屿，借由两岸共创、共建、共管，打造以台湾海峡文化旅游为主要特色的离岛经济圈——“东一澎”两岸文化旅游经济圈，进而发展成为台湾海峡大旅游圈中的重要组成部分。开展“一圈两制”试验，推进两岸和平发展。

总体而言，两岸特色经济合作试点链体系设计突出体现了多样性特点：一是节点区域多样性。两个区内岛屿试验区（即福州市马尾区的琅岐岛和厦门市翔安区）、两个离岸岛屿试验区（即福州市平潭岛和漳州市东山岛）、两个半岛试验区（即宁德市东冲半岛和莆田市忠门半岛），形成了多彩的链接形式。二是对接组合的多样性。两门对接（即厦门与金门对接组合）、两马对接（即马尾与马祖对接组合）、两岛对接（即东山岛与澎湖岛的对接组合）、两港对接（即三都澳港与基隆港对接组合），形成了丰富的链接内容。三是涵盖文化的多样性。试点链涵盖了闽中的海上女神妈祖文化，闽东北的福州十邑文化，闽南的郑成功文化、开漳圣王文化、关帝文化和宗祠文化等，形成了深厚的链接底蕴。

上述两岸特色经济合作试点链由两岸多个节点区域组成，实施起来具有一定的操作难度。因此，在平潭设立对台交流合作定位的综合实验区，先行试点，以点带面，是符合实际的可行选择。

第二节　平潭两岸合作共建“五个共同”模式

《平潭综合实验区总体发展规划》在指导思想中提出：“努力把平潭建设成为两岸同胞合作建设、先行先试、科学发展的共同家园”，这个共同家园是由两岸同胞合作建设的，是通过先于大陆其他地区与台湾进行合作共建实验进行探索的，这种合作共建的探索既应该符合当代中国经济、社会、政治和文化发展规律，更要体现出“先行先试”的先进性。因此，合作共建是平潭综合实验区创建与发展的重要主题。

一、平潭两岸合作共建“五个共同”模式的内涵

平潭两岸合作共建“五个共同”模式是平潭综合实验区为履行其特殊历史使命的制度探索。“五个共同”是指由共同规划、共同开发、共

同经营、共同管理、共同受益五个环节构成的平潭两岸合作共建链，其核心关键词是“共同”，传递出希望两岸能合作建设共同家园、平潭愿成为该合作共建实验区的强烈信号。“五个共同”模式是两岸合作建设共同家园的一张“蓝图”，表达了推进两岸关系和平发展、实现两岸和平统一的衷心愿望。

在一个特定区域中，两岸合作共建两岸共同家园实验区和示范区，对中华民族来说是一个全新课题，国际上无案例可参照，历史也无先例可借鉴。[①] 平潭综合实验区合作共建首先要明确的是：如何进行两岸合作共建，采取何种方式和途径来推进两岸合作共建，这也是合作共建模式的核心内涵所在。

平潭综合实验区“五个共同”模式，是两岸同胞共同家园实验区与示范区创建中的探索。为表述方便，以下将两岸同胞合作建设平潭共同家园“五个共同”模式简称为平潭合作共建模式、平潭“五个共同”模式或平潭模式。

二、平潭两岸合作共建“五个共同”模式提出的背景

从两岸经济关系发展历史来看，两岸交流合作历程大致可以分为功能一体化阶段和制度一体化阶段，并逐步从经济制度合作迈向社会、政治制度合作。《海峡两岸经济合作框架协议》（ECFA）的签订，成为两岸迈向制度化交流合作的里程碑。

第一阶段：功能一体化阶段。1978 年以来，两岸关系开始解冻，人员往来密切起来，经贸文化热络。无论是贸易还是投资，台湾经济与祖国大陆的联系都日益增强，海峡两岸功能性经济一体化实际上已经形成，并成为不可逆转的趋势。在这一阶段中，两岸经济交流与合作主要

---

① 苏州工业园区、印度尼西亚新加坡巴淡经济合作区、朝鲜韩国开城工业园区三种模式都是两个不同地区或国家之间合作建设开发区的实例，主要是进行经济领域的合作开发，较少涉及社会领域与政治领域的合作。而横琴新区模式和前海新区模式作为探索粤港澳合作的新模式，既涉及经济层面的合作，也涉及社会管理、法律等层面，其大前提是共建双方对“一国两制”已充分认同。但由于两岸关系的特殊性，平潭综合实验区的合作共建也具有其特殊性。

是由民间主导和市场机制推动，主要是以海峡两岸经济活动本身的高度密切关系为基础，而并不依赖于关税区之类的协定或组织保证，两岸制度化合作相对滞后，尚不能很好地适应两岸经济关系的正常化发展与经济合作进程的需求。

第二阶段：制度一体化阶段。随着2008年台湾岛内蓝营重新执政，两岸关系不断改善。2008年11月，海协会与海基会通过会谈达成协议，两岸海运直航、空运直航、直接通邮于当年12月15日全面启动，宣告两岸“三通”时代来临。全球金融危机发生后，两岸经济联系进一步密切。不断加速的功能一体化，进一步推进了海峡经济合作的制度一体化。2010年6月29日，海协会与海基会正式签署ECFA和《海峡两岸知识产权保护合作协议》，标志着两岸经济关系进入制度化合作的新时期。ECFA作为自由贸易协定的一种初级形态，在海峡两岸降低关税或实施零关税、消除贸易障碍、实现货物贸易自由化、扩大服务市场准入与开放程度、促进服务贸易发展，以及实施投资贸易便利化等方面发挥重要的积极作用。两岸推动并签署ECFA，就是要逐步减少或消除彼此的贸易和投资障碍，创造公平的贸易与投资环境，实现两岸资源的有效配置，促进两岸贸易与投资的发展，提高经济竞争力。ECFA的签署，成为海峡两岸经济关系正常化、两岸贸易自由化、经济合作制度化、经济协商机制化进程的一个重要标志，有助于协调相关社会经济政策，以逐步形成商品、资本、人员和劳动力自由流动的大经济区域，并逐步建立起全面的、机制化、制度化的规范合作。

然而，两岸交流合作仍然存在许多复杂的影响因素，而且远比香港、澳门的情况复杂得多。尤其是，2016年台湾地区发生政党轮替，民进党当局上台，顽固推行“台独”路线，对两岸关系产生极大消极影响，致使两岸交流合作偏离正常轨道，两岸制度化交流合作遭受重大破坏。这些复杂因素致使两岸交流合作等问题不可能一蹴而就，相反需要一个不断摸索的过程。面对诸多不确定因素，在这个探索过程中，需要在一个特定的区域进行尝试，而平潭综合实验区就是适合开展这一尝试的特定区域。

三、平潭两岸合作共建“五个共同”模式的特殊性

平潭“五个共同”模式具有自身的特殊性，主要体现在以下几个方面：

一是参与主体的特殊性。一方面，平潭模式的两个共建主体分别是大陆和台湾，而在祖国统一前台湾尚未纳入“一国两制”框架之内实施，这使得平潭模式的参与主体具有非常特殊的身份，既不同于一般意义上的经济合作区，又不同于其他新诞生的经济合作区。另一方面，横琴新区、前海新区、平潭综合实验区属于我国的三个特殊跨境新区实验区，但它们之间又有极大的差异。横琴新区是粤澳对接合作新区，前海新区是粤港对接合作新区，而平潭综合实验区则是闽台对接合作实验区，三者都是我国深度对接合作的特殊区域，都被赋予特殊的历史使命。但是，平潭综合实验区又不同于横琴新区和前海新区，后二者是在“一国两制”框架下探索珠澳、深港紧密合作新路径，而平潭综合实验区则是在目前特殊的两岸关系背景下探索两岸深度交流合作以走向未来祖国统一的特殊路径和模式。由于台湾政治生态的特殊性和复杂性，以及所谓被“矮化”的说辞等，台湾当局官员以官方身份参与平潭合作共建的可能性极低。这使得早期的平潭模式将更侧重于民间参与，这也势必会对平潭两岸合作共建的深度与进度产生影响。

二是地理区位的特殊性。平潭是大陆距离台湾本岛最近的地方，但平潭与台湾本岛之间依然有 68 海里，与横琴新区、前海新区的珠澳、深港相邻的地理关系相比，具有本质上的差异。平潭合作共建模式的实施要考虑到这种远距离制约所产生的不利影响。

三是平潭模式的综合性。如果只是为了构建一个新的经济特区，平潭或许并不是最理想的选择，平潭综合实验区更深层的意义在于力图在平潭这一特定区域开展大陆与台湾的两种不同经济、社会、政治制度的交融发展，为祖国统一大业探索可行模式和示范。当然，早期的平潭合作共建更多体现在经济层面，但也需要适时对一些政治、社会管理层面的制度交融发展进行探索和实验。

四是平潭模式的渐进性。由于两岸的特殊关系，平潭模式自身也存在着一个从初级到高级的发展阶段，体现为一种渐进式的发展进程。在

早期，平潭模式应通过特殊的制度安排，使两岸的经济、社会管理模式能够有效衔接、转换、融合，使平潭发展成为祖国统一的“接口”，在此基础上，进一步促进两岸的全面融合。因此，平潭模式的特殊性还体现在既不同于大陆现有制度，又不同于台湾现有制度，但同时又与大陆、台湾制度衔接的层面上。换言之，它是授权设定一种特定机构来进行治理探索的制度。可以说，平潭模式是大陆制度和台湾制度的交叉与融合，是一种趋向两岸统一的过渡性制度安排的探索。如何跨越两种制度的差异，更好地衔接互补，是平潭模式发展探索的重要内容。

四、平潭两岸合作共建“五个共同”模式的构建目标

平潭“五个共同”模式的构建目标集中体现在以下几个方面：

一是为两岸经济、社会、文化各领域交流合作开展先行探索。ECFA的签署为两岸之间在经济领域确立了一个未来更加紧密合作的途径，但这只是两岸全面合作交流、和平发展过程中迈出的重要一步，推进两岸在社会领域、文化领域的合作交流显然要复杂得多，需要付出更大的努力。平潭两岸合作共建模式将在平潭综合实验区这一特定区域中，推进两岸在经济、社会、文化等领域的全面合作交流，通过“摸石头过河”的方式开展先行先试，有助于探索出适合两岸全面合作交流、能为两岸大多数民众共同接受的可行模式。

二是为两岸和平发展、共同推进中华民族伟大复兴提供示范。平潭两岸合作共建模式注重突出“两岸同胞联手建设、共赢共享”的核心主题。在中华民族伟大复兴的大背景下，平潭合作建设模式的探索将演绎出两岸同胞齐心协力创造未来的新篇章，将为两岸和平发展、两岸同胞共同推进中华民族伟大复兴事业树立良好的典型和示范。

三是向世界展示中华民族具有解决历史遗留问题的高度智慧和卓越能力。2022 年 10 月，习近平总书记在党的二十大报告中强调：“解决台湾问题是中国人自己的事，要由中国人来决定。”2024 年 4 月 10 日，习近平在会见马英九一行时发表重要讲话进一步指出：“两岸同胞都是中国人，没有什么心结不能化解，没有什么问题不能商量，没有什么势力能把我们分开。海峡的距离，阻隔不断两岸同胞的骨肉亲情。制度的

不同，改变不了两岸同属一个国家、一个民族的客观事实。”[①] 两岸因内战而遗留的问题，既不同于东西德问题，也不同于南北越南问题；平潭综合实验区既不同于印度尼西亚的巴淡经济开发区，也不同于朝鲜的开城工业园。对平潭两岸合作建设模式的探索将展示出中华民族勇于解决复杂历史问题的能力与智慧。

五、平潭两岸合作共建“五个共同”模式的构建原则

平潭“五个共同”模式构建应遵循以下原则：

一是两岸共同参与原则。合作共建的首要关键词是合作，这需要两岸同胞共同参与。如果台湾同胞没有实质性的参与，那么平潭两岸合作共建模式将失去其存在的意义。因此，必须为台湾同胞参与建设创造良好条件，要充分考虑台湾政治生态、社会生态、文化生态，要设身处地理解台湾同胞的所想、所说、所做、所需，最大程度地吸纳他们的意见与建议，要通过管理创新、体制设计和充分沟通，将妨碍他们参与平潭合作建设的阻力降到最低限度。

二是可行启动原则。将平潭综合实验区建设成为两岸同胞共同家园的理想令人向往，然而千里之行始于足下，关键在于如何迈出第一步。两岸虽然五缘相连，但半个多世纪的隔离和两岸不一样的政治制度，再加上台湾地区选举制度的内在系统性、周期性效应，极大地增加了两岸联手共同建设平潭综合实验区的难度。此外，两岸合作共建对大陆同样是一个全新事物，同样有一个认知调整的过程和体制适应的过程。因此，平潭两岸合作共建的初级形式对大陆和台湾双方都应是可以付诸实施的，要使其阻力最低、震荡最小、可操作性最强。

三是动态发展原则。平潭合作共建模式的初级形式不仅必须可行，而且必须富有弹性，要具有自我调整、自我完善、自我提升的机制，要预留进一步发展的空间，明确进一步提升的方向，一旦成熟就能进一步向更高层次发展，并且要发展成为一个持续的动态过程。

四是平稳过渡原则。平潭原是福州市下辖的一个县，在此基础上升格为具有“政区合一”性质的综合实验区。平潭两岸合作共建模式是在平潭

---

① 《习近平会见马英九一行》，《人民日报》2024 年 4 月 11 日。

现有公共管理体系基础上构建的，新模式应是现有模式的创新、再造，而不是对现有模式的简单否定。在新模式的构建过程中，要确保综合实验区日常管理继续保持良好运行状态，要力争将上层建筑的调整对经济基础可能的不利影响降到最低限度，实现现有模式向两岸合作共建模式的平稳过渡。

五是待遇平等原则。在平潭综合实验区内，两岸民众要实现同等待遇，享受一样的“区民”待遇，同样拥有主人翁地位，杜绝可能产生对任何一方歧视的做法。在平潭两岸合作共建模式中，要明确规定和充分保证参与平潭合作建设的两岸人员、组织和机构享受同等待遇，服从一样的责任与权利安排，能够拥有一样的发展机会和发挥才干的空间。

六是容忍差错原则。平潭两岸合作共建模式的构建是一项无任何前例可借鉴的事业，只能采取“摸石头过河”的方式，看一步，试一步，走一步。因此，必须要容忍探索过程中可能出现的偏差与错误，不戴帽子，不打棍子，要鼓励解放思想，改变思维定式，营造崇尚创新的氛围。同时，要及时总结经验与教训，坚持持续修正与优化改进，努力减少探索的社会成本，包括走弯路产生的成本和好点子被抹杀的机会成本。

六、平潭两岸合作共建“五个共同”模式的核心内涵

平潭合作共建模式的“五个共同”可以理解为一个合作共建体系，也是一个合作共建循环链。① （见图 2-1）

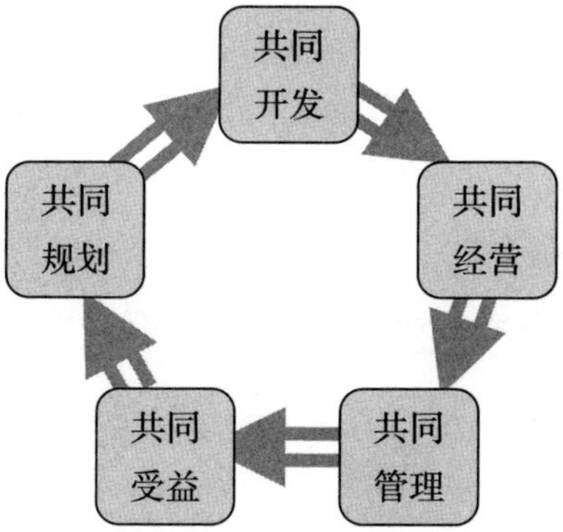

图 2-1 平潭合作共建模式：“五个共同”循环链

---

① 罗海成、江振娜：《开放福建》，福建人民出版社 2022 年版，第 85—87 页。

一是共同规划。共同规划是指两岸民众共同绘制平潭两岸共同家园的未来蓝图与发展路线图。在对平潭制定总体规划和各项子规划的过程中，要广泛听取两岸民众的意见，尤其要认真研究台湾各界人士的各种建议。要组织两岸规划机构和专家共同参与、共同审议、共同监督平潭规划的制订与实施。

二是共同开发。共同开发是指要大力鼓励两岸投资者积极参与平潭建设开发。要广泛吸引台湾同胞的各类投资，台湾同胞的开发参与不应局限于资金资源，还应该扩大到人力资源、智力资源等。

三是共同经营。共同经营是指大力鼓励台湾企业、组织、机构和个人参与承担或独立承担平潭建设项目。平潭综合实验区建设项目承担资质、项目建设审计过程同时采用台湾和大陆标准，并逐步过渡到以台湾标准为主，或主要参照台湾标准制定的平潭标准；认可建设涉及的所有专业人员在台湾获得的技术证书在平潭具有同等有效性。

四是共同管理。共同管理是指两岸同胞共同参与平潭经济、社会、文化等领域的管理事务。探索平潭两岸共同管理动态发展模式，从初级可行模式开始，逐步过渡到中级完善模式、高级高效模式；从经济领域开始，逐步过渡到社会领域的共同管理；在运行实践中不断总结经验、深化认识、强化认同、持续完善。共同管理应是“五个共同”中的最重要环节，也将是难度最大的环节。

五是共同受益。共同受益是指两岸同胞在合作共建平潭共同家园过程中，将获得与其投资、投入相对应的回报。在合作建设过程中，台湾方面将获得平潭发展所带来的巨大商机，以及进入大陆市场的前沿平台和开拓国际空间的便利条件；大陆方面将获得推进两岸关系和平发展的重要创新“试验田”、东南部地区率先发展战略新的突破口，以及新一轮发展周期的新机遇。

第三节　平潭迈向两岸融合发展新征程

平潭两岸合作共建模式的实施，在很大程度上受到两岸关系变化的影响。平潭两岸合作共建“五个共同”模式的实施需要两岸关系处于良好互动状态，否则其局限性将不可避免地显现出来。在两岸关系演化过程中，两岸融合发展成为推进祖国统一大业的重要路径，平潭综合实验区的先行先试重点就从两岸合作共建转向了两岸融合发展。

一、平潭两岸合作共建“五个共同”模式的局限性

平潭“五个共同”模式本意在于三方面：第一，探索推进两岸合作交流的有效机制与合理体制。创建平潭两岸合作共建模式的直接目标就是要形成一个能有效推进两岸合作交流先行先试的机制体系和一个能支撑平潭综合实验区发展、实现“五个共同”运作的合理体制体系。换言之，平潭合作共建模式的构建必须凸显思想创新，把握战略再造，以促进机制体制创新，进而达成模式的创新，实现平潭两岸合作共建的“开放活力岛”目标。第二，为建设平潭两岸共同家园提供核心保障。平潭合作共建模式的成功创建与良好运行，将促成平潭发展成为两岸同胞共同向往的家园和乐园。第三，为建设海峡两岸同胞共同家园积累经验与认同。平潭综合实验区是两岸交流合作先行先试的实验区，平潭两岸合作共建模式的构建实际上就是对两岸深度合作交流先行先试途径、方式与规律的探索，在反复尝试、不断调整，使该模式得以不断完善的同时，该模式的生命力及其推进两岸关系和平发展、迈向共同未来的效果将持续呈现，通过实践所累积的经验和做法将被两岸同胞广泛认同。

在两岸关系发展进程中，平潭“五个共同”模式尚属一种理想模式。在现阶段，该模式还存在一些局限性：

一是共建主体缺位。平潭“五个共同”的合作共建主体是两岸的同胞群体代表性团队、两岸的行政机构或两岸享有高民众认同度的组织团体等。平潭“五个共同”是大陆方面提出来的，就合作共建主体来说，任何一种形式对大陆一方都没有问题，但对台湾而言则不一样，这就造成了平潭“五个共同”模式台湾方面共建主体的缺位问题。

二是共建引擎乏力。平潭“五个共同”概念的核心是“共”字，也就是要共同推进，这就要求双方都有主动参与的动机。台湾方面对于平潭开放开发合作共建缺乏足够信任，甚至有质疑的心态，这就制约了台

湾方面参与的积极性，造成了平潭“五个共同”模式的共建动力不足问题。

三是共建氛围淡薄。平潭“五个共同”模式需要在两岸关系向好变化、两岸交流热烈的宏观氛围中才能得以推进。在马英九执政的后期，整个台湾社会的政治气候已呈现出导致两岸关系下滑发展的势头，而2016年蔡英文当选台湾地区领导人之后，两岸关系持续下滑，致使两岸合作共建平潭的氛围极度缺乏。

共建主体缺位、共建引擎乏力和共建氛围淡薄等情况制约了平潭“五个共同”模式的实施，2016年以来民进党当局的一系列“台独”言行对两岸关系和平发展造成极大破坏，平潭“五个共同”模式推进更加困难。

二、平潭开启两岸融合发展新征程

平潭综合实验区自2009年设立特别是2011年上升为国家战略以来，加快基础建设，积极招商引资，创新体制机制，对台交流合作不断深化。

2014年11月1日，习近平总书记考察平潭综合实验区建设，同部分台资企业负责人座谈，充分肯定台湾企业家们长期为大陆改革开放和两岸关系发展作出的积极贡献，欢迎更多台湾企业到大陆发展。在平潭海峡高速客运码头，习近平总书记登上客轮，同赴台的大陆和台湾旅客亲切握手。他表示，相互多走走、多看看，可以增长见识，凝聚两岸一家亲、共圆中国梦的力量。[①] 国台办发言人指出，习近平总书记考察平潭时的讲话，“充分体现大陆继续加强两岸经济交流合作、持续推进两岸关系和平发展的善意和诚意，充分表达对广大台商的肯定和鼓励”。习近平总书记在平潭综合实验区考察时还强调指出：平潭综合实验区是闽台合作的窗口，也是国家对外开放的窗口，一定要创新体制，保护好生态，深化两岸经济和产业合作，真正建成两岸同胞合作建设、先行先

① 《全面深化改革全面推进依法治国 为全面建成小康社会提供动力和保障》，《光明日报》2014年11月3日。

试、科学发展的共同家园。

2016 年 8 月 8 日，国务院批复实施《平潭国际旅游岛建设方案》，同年 12 月 11 日，福建省政府出台《福建省政府关于贯彻落实平潭国际旅游岛建设方案的实施意见》，提出举全省之力共同加快推进平潭国际旅游岛建设步伐。《平潭国际旅游岛建设方案》获批实施 5 年内，累计接待游客 2433.06 万人次，实现旅游收入 246.01 亿元，年均增速分别为 12.2%、12.8%，均居福建省前列，5 年游客接待量、旅游收入分别相当于前 10 年接待量的 2.6 倍、11.4 倍。在两岸融合发展领域，平潭综合实验区深度拓展，在全国率先实现台湾职业资格、企业资质、商品检验采信全覆盖，143 名台湾导游在平潭通过换证考核取得福建省台湾导游专用证，101 名台湾导游通过采信认证获得在岚执业资格，旅游文体领域就业创业台胞约 3000 人；深入拓展两岸文旅融合，打造两岸旅游共同市场，引进台湾知名团队参与平潭旅游规划策划、项目建设、运营管理。

2024 年，恰值平潭“一岛两窗三区”宏伟蓝图实施十周年，平潭破茧成蝶，出现了天翻地覆的变化。十年来，平潭旅游接待人数、旅游收入分别年均增长 21.9%、40.6%，荣获国家健康旅游示范基地、中国体育旅游十佳目的地等称号。十年来，两岸跨境电商、海运快件、国际邮包等业务加速快跑，对台贸易额从 2013 年的不足 10 亿元增至 2023 年的 147 亿元，年均增长 34.8%。十年来，平潭把绿色开发、绿色发展、绿色生态贯穿于建设全过程，森林覆盖率从 2014 年的 27.06%提升至 2023 年的 30.93%。

“全国唯一对台综合实验区＋自贸试验区＋国际旅游岛”是平潭的独特优势。平潭坚持以改革开路、以创新破局，不断探索实施差异化、首创性改革。据统计，平潭自贸片区自挂牌以来，累计推出 20 批次 262 项创新举措，其中，全国首创 125 项，对台创新 87 项；累计 5 项改革经验入选全国自贸试验区“最佳实践案例”，15 项创新成果在全国复制推广、116 项创新成果在全省复制推广。

平潭作为闽台合作窗口，全面加强与台湾地区在经济、社会、文化等方面的交流合作。在大陆率先实现与台湾北、中、南部主要港口客货运直航全覆盖；大陆首个台胞台企服务中心在平潭设立，专门办理 8 大类 236 项涉台行政审批及公共服务事项；率先探索构建对台职业资格、企业资质、行业标准采信全覆盖体系；上线对台一体化政务服务平台，实现台胞身份“两证互认”……

平潭“五个共同”模式由于明显受制于两岸关系等局限性，其操作性受到明显影响，适时提出平潭两岸融合概念对推进平潭开放开发，在两岸和平发展、祖国和平统一进程中扮演好应有角色是非常必要的。与平潭两岸合作共建相比，平潭两岸融合发展的提出更有可能成为破解平潭两岸合作共建僵局的战略途径与对策举措。党的十八大以来，习近平总书记先后在不同场合提出两岸融合发展的新思路和新主张，两岸融合发展成为习近平总书记对台工作重要论述的重要内涵。党的二十大报告指出：“继续致力于促进两岸经济文化交流合作，深化两岸各领域融合发展。”两岸融合发展成为当前推进两岸关系和平发展的重要路径。

2021 年 3 月，习近平总书记考察福建时，要求福建“要突出以通促融、以惠促融、以情促融，勇于探索海峡两岸融合发展新路。”“在探索海峡两岸融合发展新路上迈出更大步伐。”① 平潭作为对台综合实验区，理当在两岸融合发展新路上作出更大努力、更多探索。

三、平潭综合实验区“三位一体”两岸融合发展体系

社会学领域的融合是指不同个体或人群的融合，这里包含物理和心理两个层面的含义。从物理层面来看，融合是指不同个体或人群在空间距离上的接近、接触；从心理层面来看，融合是指不同个体或人群在一定接触、交流之后，其认知、情感或态度倾向融为一体的过程，表现为心理距离上的接近。

可见，从词义理解，融合实际上体现了一个从“不同”走向“趋同”的过程，这是一个空间距离、心理距离双向接近的演化过程。具体来说，融合发展过程经历了一种相融的变化，也就是指原本具有不同认

① 《在服务和融入新发展格局上展现更大作为 奋力谱写全面建设社会主义现代化国家福建篇章》，《人民日报》2021 年 3 月 26 日。

知、情感或态度倾向的不同个体或群体，经过空间距离的接近，发展成为心理距离相近，具有相近或相同认知、情感或态度倾向的同类或近似的个体或群体。从结果视角观之，融合就是指一个区域内不同个体或群体和睦相处的现象，尤其是指原本文化背景、社会地位背景等存在差异的个体或群体和睦相处的现象。①

不少学者对融合进行了研究和梳理，有研究认为融合包括经济、社会和心理或文化等方面②；有研究认为融合包括经济、政治、公共权益、社会关系等维度③；有研究认为融合涉及经济、社会交往、文化适应等领域④；还有研究认为融合涵盖经济融合、文化适应、社会适应、结构融合和身份认同等范畴⑤。近年来，一些学者关注大陆台胞社会融合研究，有学者从经济融入、生活融入、社交融入、心理融入等维度开展研究⑥；还有学者从发展融入、生活融入、文化融入、心理融入等维度开展研究⑦。从这些研究可以看出，社会融合、经济融合、文化融合是融合发展中最为突出和最受关注的主题。

为全面深入贯彻新时代党解决台湾问题的总体方略，2023 年 9 月 12 日发布的《中共中央 国务院关于支持福建探索海峡两岸融合发展新路 建设两岸融合发展示范区的意见》指出，要充分发挥福建在对台工作中的独特地位和作用，在福建全域推动两岸融合发展示范区建设。意见围绕两岸融合发展示范区建设，提出了建设台胞台企登陆第一家园、促进闽台经贸深度融合、深化闽台社会人文交流，以及促进福建全域融

---

① 罗海成：《两岸融合发展示范区建设的逻辑理路和实践进路——基于“结构—过程”框架的分析》，《闽台关系研究》2024 年第 1 期。

② 朱力：《论农民工阶层的城市适应》，《江海学刊》2002 年第 6 期。

③ 王桂新、罗恩立：《上海市外来农民工社会融合现状调查研究》，《华东理工大学学报（社会科学版）》2007 年第 3 期。

④ 陆淑珍、魏万青：《城市外来人口社会融合的结构方程模型——基于珠三角地区的调查》，《人口与经济》2011 年第 5 期。

⑤ 周皓：《流动人口社会融合的测量及理论思考》，《人口研究》2012 年第 3 期。

⑥ 唐桦、唐扬、陈超：《常住大陆台胞社会融入的区域差异研究——基于长三角、珠三角、福建地区的比较分析》，《闽台关系研究》2020 年第 2 期。

⑦ 王伟男、赵煜：《青年台胞在大陆的社会融入研究——基于在沪台青的实证分析》，《闽台关系研究》2021 年第 3 期。

合发展四个方面的具体要求。

为深入贯彻党的二十大精神和习近平总书记关于对台工作的重要论述，贯彻落实《中共中央 国务院关于支持福建探索海峡两岸融合发展新路 建设两岸融合发展示范区的意见》，2023 年 12 月 24 日，中国共产党福建省第十一届委员会第五次全体会议通过《中共福建省委 福建省人民政府关于贯彻落实〈中共中央 国务院关于支持福建探索海峡两岸融合发展新路 建设两岸融合发展示范区的意见〉的实施意见》，围绕加快建设两岸融合发展示范区，提出“共建共享第一家园，打造两岸社会融合示范样板”“深化闽台经贸合作，打造两岸经济融合示范样板”“密切闽台人文交流，打造两岸同胞情感融合示范样板”“以点带面整体推进，构建福建全域融合发展新格局”四个方面的具体工作要求，即“三个样板一个新格局”四方面要求。

为深入贯彻党的二十大作出的战略部署，全面落实党的二十届三中全会精神，2024 年 8 月 23 日，中国共产党福建省第十一届委员会第六次全体会议对新征程上进一步全面深化改革、奋力推进中国式现代化福建实践进行研究，通过《中共福建省委关于贯彻党的二十届三中全会精神进一步全面深化改革 奋力推进中国式现代化福建实践的决定》，围绕“积极探索海峡两岸融合发展新路”，提出“完善两岸社会融合机制”“创新两岸经贸融合机制”“健全两岸情感融合机制”“探索福建全域融合发展机制”四大机制改革创新要求。

综合上述三份政策文件，我们可以清晰看到两岸融合发展示范区建设的重点领域和具体工作。在两岸融合发展具体领域方面，可以归纳为社会融合、经济融合、文化融合①；在两岸融合发展空间结构方面，则针对福建省各地提出了全域融合发展新格局的具体要求。

基于相关研究的共同结论观点，结合上述政策文件，从系统角度出发，我们构建了一个基于系统结构的平潭综合实验区两岸融合发展体系，它是一个主要包含社会融合、经济融合、文化融合等丰富内涵的社会系统。

---

① 文化融合在《实施意见》《决定》中是用情感融合这一术语来表述的。

两岸同胞在平潭综合实验区内实现融合发展的战略性定位与目标，决定了融合发展要成为平潭综合实验区建设的主线和主特征。从某种意义上说，区域的优惠政策、投资环境、区位优势等等都是从经济利益层面来吸引台胞，这些都属于对台的硬融合力。从管理学的双因素激励理论来理解，硬融合力只是一种“保健性”因素。没有保健因素不行，但有它并不能保证就一定有效。为此，要创造平潭两岸融合发展的差异化优势，就必须从强化对台的软融合力入手，即从非经济层面来推进两岸同胞融合发展。因此，软融合力是平潭新阶段大力发展对台合作交流，推进两岸同胞融合发展的“激励性”因素。

平潭的融合力不但要从经济层面上，更要从社会、文化等层面上进行培育，这就是“三个融合”的内涵。

具体来说，经济融合主要涉及经济管理、产业对接和生产要素流通，社会融合涉及居民社区发展、人居环境建设和民众素质陶冶，文化融合涉及跨文化管理和区域文化培育。“三个融合”相辅相成，构成一个完整的平潭两岸同胞融合发展体系。

从某种意义上看，可以将“三个融合”理解为平潭“五个共同”在新的历史条件下的一种演化与升华。首先，“五个共同”是根据“规划—开发—经营—管理—受益”的经济建设链来推进两岸合作共建，是一种线状模式的局部领域的合作。相较而言，“三个融合”是根据“经济、社会、文化”的完整体系来推进两岸合作共建，是一种面状模式的全方位的合作。其次，“五个共同”着重推进台商、台湾管理阶层参与平潭的两岸合作共建，而“三个融合”则强调两岸全社会参与平潭的两岸合作共建，它是一个全社会阶层同胞概念。再次，“五个共同”是一种阶段性的战略安排，它突出的是“经济先行”的思路，而“三个融合”是一项长期性的战略设计，它体现的是“全面发展”的思路。

两岸融合具有民众主导、民众参与、自下而上的特征，更强调民众在平潭两岸合作交流中的主体地位发挥。两岸民众的积极性、主动性、主导性是平潭两岸融合的成败关键，要鼓励、引导和助力尽可能多的两岸同胞参与两岸融合。

平潭要加快开放开发步伐，从经济领域更大程度的开放开发，扩展到文化领域、社会领域更大程度的开放开发，才能成为名符其实的两岸融合先行实验区和两岸同胞共同家园的示范区。

从某种意义上说，两岸合作共建的提议带有利益色彩，而两岸融合发展的提议更具情感色彩。“五个共同”是一种解决问题的组合工具，通过打造合作共建链，让两岸同胞都能因平潭的开放开发而获益，进而推进两岸关系和平发展和祖国统一大业，属于利益驱动导向。而融合发展可以让两岸同胞因平潭的开放开发而形成“你中有我，我中有你”的情感交流，可以构建涵盖经济融合、社会融合、文化融合的“三个融合”体系，这是一个消除隔阂举措的组合，体现了利益、情感双重驱动导向。

两岸合作共建表现出顶层设计、顶层推动、自上而下的特征，而两岸融合发展更有民众主导、民众参与、自下而上的特征。“五个共同”是制度安排，由两岸一起设计、一起推进，两岸民众在这种主导安排下参与合作共建。“三个融合”更强调民众在平潭两岸合作交流中的主体地位，发挥民众的积极性、主动性、主导性是平潭两岸融合发展的关键。鼓励、引导和助力尽可能多的两岸同胞参与两岸融合发展，应成为中央对台工作的重心。两岸同胞在平潭开展“五个共同”实践，从某种意义上来说，也是推动两岸同胞在平潭的持续融合、深度融合的前期探索。

第三章　平潭两岸融合发展研究理论工具

平潭两岸同胞的融合，属于台湾同胞在大陆同胞主流社会的融合范畴，这一融合包含台湾同胞对当地社会的融入和当地原有居民对台湾同胞的接纳。这种融合的互动包括社会融入和社会接纳，也可以理解为是一个社会中不同群体间社会融入与社会接纳的共同作用产生的结果。平潭以建设两岸同胞共同家园为目标，因此在两岸融合发展过程中的社会融入与社会接纳也有其自身的特殊规律。本章首先梳理融合概念，然后引出平潭融合发展概念范畴，进而构建平潭两岸融合发展模型，以此作为后续研究的理论工具。

第一节　平潭两岸融合发展概念

融合发展是平潭建成两岸同胞共同家园的重要标志与社会特征。两岸同胞在平潭和睦相处，建设一个深度融合发展的社会，是平潭综合实验区的建设目标和发展方向。

一、融合概念

融合是指一个区域内不同社会群体和睦相处的现象，尤其是指具有明显不同社会背景的不同社会群体间和睦相处的现象。这里的“融合”，既可以描述所处的状态，如一个社会中不同群体之间是不是和睦相处，和睦相处到什么程度；也可以描述过程，如一个社会中不同群体从不够和睦向和睦相处状态演化，演化进展如何；又可以描述目标，如中国要建设和谐社会，即要建成一个不同社会群体和睦相处的社会；还可以描述战略模式与途径，如一个社会按什么样的模式，依什么样的途径来发展。因此，融合既是一个状态概念，也是一个过程概念，更是一个目标概念。

出于不同的研究基点，各机构组织与学者们推衍出多个不同的融合概念。欧盟（2004）从弱势群体角度出发给出的定义是：融合是这样一个过程，它确保具有风险和受社会排斥的群体能够获得必要的机会和资源，利用这些资源和机会，他们能够全面参与经济、社会、文化生活和享受正常的生活，以及在他们居住的社会认为应该享受的正常社会福利。社会融合要确保他们有更多的参与生活和获得基本权利的决策机会。① 加拿大莱德基金会（2002）从强调社会规范角度出发，其定义是：所有人都能够参与的一个值得重视、尊敬和奉献的社会，该社会具备的五个维度是：受到尊重的认同、人类发展、参与和介入、亲近、物质丰富。② 克劳福德（2003）认为，社会融合至少包含两层意思：一是在社区中能在社会、政治、经济、文化生活层面上平等地受到重视和关怀；二是在家庭内、朋友间和社区中拥有互相信任、欣赏和尊敬的人际关系。③ 帕克（1928）强调“相互作用与过程”，将融合定义为个体或群体互相渗透、互相扩散的过程，在这个过程中，通过接触、竞争和适应，互相获得对方的记忆、情感、态度，最后整合于一个共同文化生活之中。类似的定义还有，艾林森（2001）认为移民的社会融合可以被定义为个体或群体（平等地）被包容进主流社会或各种社会领域的状态与过程，这一概念应该包含着移民与新社会之间的相互适应。④ 任远和邬民乐（2006）认为，融合是个体之间、群体之间、文化之间互相配合、

---

① European Commission. Joint Report on Social Inclusion. Directorate-General for Employment and Social Affairs. European Commission，Brussels，2004.

② C. Freiler. The Context for Social Inclusion. Toronto：Laidlaw Foundation，2002.

③ C. Crawford. Towards a Common Approach to Thinking about and Measuring Social Inclusion. Roeher Institute，2003.

④ Winfried Ellingsen，Social integration of ethnic groups in Europe，Geografi i Bergen，University of Bergen，2003.

互相适应的一种过程。[①] 森（2000）强调“状态或目标”，认为在一个实现融合的社会中，民众共享社会经验并积极参与，人人都有平等的生活机会，都得到基本社会福利。[②] 还有一些学者在群体范畴中将融合描绘成“使成员留在他们所在的群体中的力量”或“所有使得群体成员留在群体中的力量的结果”（悦中山等，2009）[③]。童星和马西恒（2008）从“新移民”角度出发，认为融合是指新移民在居住、就业、价值观念和生活方式等各个方面融入城市社会、向城市居民转变的过程。[④]

李春霞等（2013）对这些林林总总的关于社会融合的观点做了归纳：它不是状态而是过程；它既是目的，也是手段；它不仅是制度性的，同时也是主观性的融入；它是多维度的，包括经济融合、政治融合、社会融合、制度融合、文化融合以及心理融合；它是多层面的，既有全国范围的、城市范围的，又有跨国家的，既有宏观层面的、中观层面的，也有微观层面的。[⑤]

可见，融合是多维度的。这里“社会”的概念，可以是宏观含义的表达，泛指整个社会，也可以是微观含义的表达，特指与政治、经济、文化、环境等领域的社会融合。

二、平潭两岸融合发展概念

本书将融合定义为：在一个社区内不同群体实现和睦相处，地位平等，都能获得一样的社会福利与发展机会。这里的“社区”，可以是通常意义上的居民社区，可以是一个乡村，可以是一个城市，或者更大一点的区域，平潭就是一个社区。

---

① 任远、邬民乐：《城市流动人口的社会融合：文献述评》，《人口研究》2006年第6期。

② A. Sen. Development as Freedom. New York：Anchor Books，1999：77.

③ 悦中山、杜海峰、李树茁等：《当代西方社会融合研究的概念、理论及应用》，《公共管理学报》2009年第2期。

④ 童星、马西恒：《“敦睦他者”与“化整为零”——城市新移民的社区融合》，《社会科学研究》2008年第1期。

⑤ 李春霞、陈霏、黄匡时：《融入筑城：中国西部流动人口社会融合研究》，九州出版社2013年版，第36页。

平潭两岸同胞融合发展，就是指由现有大陆同胞为主流（主体）的群体，与新进入平潭并随着平潭综合实验区发展而不断增多的台湾同胞，在平潭综合实验区中的融合发展。两岸同胞在平潭和睦相处，构建出一个深度融合发展的社会，是平潭综合实验区的建设目标和方向，融合发展是平潭建成两岸同胞共同家园的重要标志与社会特征之一。融合发展既是平潭发展的演化过程，又是平潭发展运行模式；既是推进平潭发展的总体性战略，又是推进平潭发展的对策举措。

第二节　平潭两岸融合发展范畴

融合是一个社会中不同社会群体间双向互动的过程和结果。融合的经典定义是一种相互同化和文化认同的过程（任远等，2010）①。移民与本地人实际上是相互融入的，是个体（或指少数群体）与群体（或指主流群体）之间的互动协调以及他们对特定的物理与社会环境的反应(梁波和王海英，2010)②。融合是个体和个体之间、不同群体之间或不同文化之间互相配合、互相适应的过程（郭秀云，2008）③。融合的互动包括社会融入和社会接纳，也可以理解为是一个社会中不同社会群体间社会融入与社会接纳的共同作用均衡的产物。

一般情况下，社会融入概念往往更多地与社会群体中的“弱势”一方联系在一起，社会接纳概念往往更多地与社会群体中的“强势”一方相关联。比如在美国社会中非裔群体、亚裔群体对美国主流社会的社会融入和白人群体对这些群体的社会接纳；又如当前中国社会中外来务工者群体融入城市居民群体的社会融入和城市居民对外来务工者的社会接

① 任远、乔楠：《城市流动人口社会融合的过程测量及影响因素》，《人口研究》2010年第2期。

② 梁波、王海英：《国外移民社会融入研究综述》，《甘肃行政学院学报》2010年第2期。

③ 郭秀云：《风险社会理论与城市公共安全——基于人口流迁与社会融合视角分析》，《城市问题》2008年第11期。

纳；或者又如一般社会中残障人士群体的社会融入和社会主流群体对他们的社会接纳。

1908 年，赞格威尔提出了“熔炉论”,[①] 指出在欧洲不同地区的族群融入美国社会的实践中，存在着两个方向的力量。一是社会接纳，是指移民的“被动融入”，即以祖先英国清教徒为主的代表美国主流文化的群体，用自己的传统文化改造其他后来迁移到美国的族群；二是社会融入，是指移民的“主动融入”，如新进入美国的族群学会适应美国的主流文化。

1928 年，帕克认为新移民的社会融合不仅是他们的转变过程，也是主流社会接纳他们的过程。[②] 1964 年，戈登将新移民的融入过程划分为七个阶段：文化同化、结构同化、婚姻同化、认同同化、态度接纳、行为接受和市民同化。[③] 其中前四个阶段以新移民的社会融入为主导，第五、第六阶段以主流社会的社会接纳为主导，最后一个阶段以社会融入和社会接纳共同主导，进而实现融合（杨菊华，2013）[④]。这些研究都强调社会融入和社会接纳是融合发展过程中的两种重要作用，在融合发展研究中应予以重视。

平潭两岸同胞的融合发展范畴包括台湾同胞对平潭当地社会的社会融入和平潭当地原有居民对台湾同胞的社会接纳。平潭以建设两岸同胞共同家园为目标，相应地，在平潭两岸融合发展过程中的社会融入与社会接纳也具有其自身的特殊规律。

---

① 1782 年，在法国出生而后定居纽约的作家兼农学家埃克托尔·圣约翰·克雷夫科尔在《一个美国农场主的信函》一书中首次提出“熔炉论”，是美国的一种同化论。其基本内容是：所谓美国人，是由英格兰人、苏格兰人、爱尔兰人、荷兰人、法国人、德国人、瑞典人等各种民族混血而成的，他们抛弃了其祖先的古老偏见和风俗习惯，而接受了新的美国生活方式。1908 年，英国犹太作家以色列·赞格威尔（Israel Zangwill）写了一部名为《熔炉》的剧本，进一步概括了熔炉论。

② Park，Robert Ezra. Human Migration and the Marginal Man，The American Journal of Sociology，1928（6）：881-893.

③ Gordon，Milton Myron. Assimilation in American Life：The Role of Race，Religion，and National Origins. New York：Oxford University Press，1964.

④ 杨菊华：《中国流动人口经济融入》，《中国社会科学》2015 年第 2 期。

第三节 平潭两岸融合发展研究理论基础

融合发展是平潭建成两岸同胞共同家园的重要标志与社会特征；融合发展既是平潭发展的演化过程，又是平潭发展运行模式；既是推进平潭发展的总体性战略，又是推进平潭发展的对策举措。本节主要对融合发展相关理论进行梳理，为平潭两岸融合发展研究提供相关理论基础。

一、融合发展概念体系

从融入方（少数群体或客体群体）行为层面而言，融合发展包括了社会融入和社会游离两个概念，二者对立；从接收方（主流群体或主体群体）行为层面而言，社会融合包括了社会接纳与社会排斥两个概念，二者亦对立。此外，社会认同是从意识层面讨论融合发展的重要概念之一，而社会距离是用以衡量融合发展程度的常见概念之一。将这六个重要概念按其逻辑关系整合在一起，可提供一个比较清晰的融合发展概念体系，同时可以避免由于对这些基本概念理解的歧义而造成混乱（见图 3-1）。

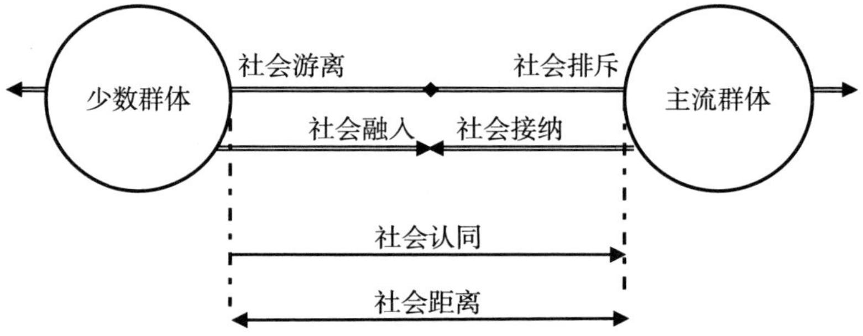

图 3-1　融合发展概念体系

以下将对“社会游离与社会排斥”“社会融入与社会接纳”“社会距离与社会认同”这三对重要概念进行辨析和阐述，并将之作为平潭两岸融合发展研究的重要理论基础。

二、社会游离与社会排斥

融合发展中的第一对重要概念是社会游离和社会排斥，或者说少数群体的社会游离和主流群体的社会排斥，它们是融合发展中的一对离心力。

社会游离是指少数群体主动将自己隔离在主流群体之外的现象。马腾斯（1995）认为，移民在新社会的融入除了主体社会对于移民的整合与吸纳作用外，还存在着移民群体自身对于新社会的认知、行动与选择。[①] 如果这些行为是消极的，就会出现社会游离。社会融合区隔融合论中的“选择性区隔”也是一种社会游离现象。一些少数群体限制其子女对主流群体文化认同，如美国移民中一些家庭限制其子女对美国青少年社会文化的认同，鼓励他们的子女坚持传统文化观念与价值（杨菊华，2013）。[②] 这在美国一部分华人第一代移民家庭中表现得很明显。不仅少数群体中存在社会游离现象，生活在大都市中的人们也常会采取不热情的态度，与外界保持距离，也是一种“社会游离”现象（齐美尔，2002）。[③] 这是一种“自愿性隔离”的现象（郭星华和杨杰丽，2005）[④]，是一种“反移民化”的现象（刘玉照，2005）[⑤]。社会游离概念也可以用以解释融合发展中的多元化现象。社会游离概念强调：融合发展的阻力不仅仅产生自主流群体的社会排斥，而且也会来自少数群体自身的社会游离。

---

① Martens，P. L. Immigrants and crime prevention. In：P. O. Wikstrim，R. V. Clarke and J. McCord（Eds），Integrating Crime Prevention Strategies：Propensity and Opportunity. Stockholm：National Council of Crime Prevention，1995.

② 杨菊华：《中国流动人口经济融入》，《中国社会科学》2015 年第 2 期。

③ 格奥尔格·齐美尔：《齐美尔社会学文选》，广西师范大学出版社 2002 年版，第 341 页。

④ 郭星华、杨杰丽：《城市民工群体的自愿性隔离》，《江苏行政学院学报》2005 年第 1 期。

⑤ 刘玉照：《“移民化”及其反动：上海农民工与大陆台商“反移民化”倾向的比较分析》，《探索与争鸣》2005 年第 7 期。

关于社会排斥概念讨论颇多。[①] 欧盟在 2004 年将社会排斥定义为：个体或群体被全部或部分地排除在充分的社会参与之外。[②] 社会成员在消费、生产、政治、社会互动参与不足或不参与，都可能被认为是社会排斥（布尔查特等，1999）[③]。例如，一个人在一个社会中愿意参加这个社会民众可以参加的活动，但却由于非自身的原因而不能参加（孔媛，2011）[④]。社会排斥是对个人和家庭、群体和社区参与社会、经济和政治活动所需要资源的全面剥夺过程（皮尔森，2001）[⑤]。丁开杰（2009）将文献讨论中的社会排斥定义分为三类：第一类被理解为公民缺乏对社会制度的参与，第二类被理解为公民权利被否定或未能实现，第三类被理解为人群间的距离较远。[⑥] 社会排斥理论直接展示了人类社会中社会关系的冷漠、隔阂、紧张和冲突（李春霞等，2013）。[⑦] 在融合发展研究中，社会排斥就是指一个社会中主流群体拒绝接受或消极对待少数群体的现象。

众多学者研究了社会排斥的内涵，并体现为关于社会排斥涵盖内容的不同观点（见表 3-1）。

---

① 王立业：《社会排斥理论研究综述》，《重庆工商大学学报（社会科学版）》2008 年第 3 期。

② European Commission. Joint Report on Social Inclusion. Directorate-General for Employment and Social Affairs. European Commission，Brussels，2004.

③ Tania Burchardt，Julian Le Grand，David Piachaud. Exclusion in Britain 1991—1995. Social Policy & Administration，1999（3）：227-244.

④ 孔媛：《城市“新二元结构”从分割到融合的新政治经济学分析——以上海为例》，复旦大学 2011 年。

⑤ John Pierson. Tackling Social Exclusion. New York：Routledge，2001：7.

⑥ 丁开杰：《“社会排斥”概念：语义考察和话语转换》，《晋阳学刊》2009 年第 1 期。

⑦ 李春霞、陈霏、黄匡时：《融入筑城：中国西部流动人口社会融合研究》，九州出版社 2013 年版，第 36 页。

表 3-1　不同学者关于社会排斥涵盖内容的观点

学者	涵盖内容
罗杰斯（1995）①	商品服务领域的社会排斥、劳动力市场的社会排斥、地域性的社会排斥、人权方面的社会排斥和宏观经济发展战略方面的社会排斥等
沃克尔（1997）②	社会排斥、经济排斥、政治排斥和文化排斥等
皮斯（1999）③	社会边缘化、新贫困、民主法制/政治排斥、非物质性劣势、被“最低限度生活方式”排斥、文化排斥（包括种族与性别）、家庭和社区排斥、被福利国家排斥、长期贫困、被主流政治和经济生活排斥、贫困、剥夺、被工作关系排斥、经济排斥和被劳动力市场排斥等
布查德特（1999）④	消费排斥、生产排斥、政治参与排斥、社会交往排斥等
珀西-斯密（2000）⑤	经济排斥、社会排斥、政治排斥、邻居排斥、个人排斥、空间排斥和群体排斥等
吉登斯（2001）⑥	经济排斥、政治排斥和社会排斥等
熊光清（2008）⑦	经济排斥、政治排斥、公共服务排斥、社会关系排斥等

本书视社会为一个整体，倾向认同沃克尔的观点：社会（宏观范

① G. Rodgers. What is Special about a Social Exclusion Approach? in G. Rodgers, et al. (eds.), Social Exclusion: Rhetoric, Reality, Responses, Geneva: International Institute for Labour Studies. 1995.

② A. Walker. The Strategy of Inequality, in A. Walker & C. Walker (eds.). Britain Divided: the Growth of Social Exclusion in 1980s and 1990s. London: CPAG, 1997: 8.

③ R. Peace. Surface Tension: Place/Poverty/Policy-from “Poverty” to Social Exclusion: Implications of Discursive Shifts in European Union Poverty Police 1975—1999, University of Waikato, Hamilton, 1999.

④ Tania Burchardt, Julian Le Grand, David Piachaud. Exclusion in Britain 1991—1995. Social Policy & Administration, 1999 (3): 227-244.

⑤ J. Percy-Smith. Policy Responses to Social Exclusion: Towards Inclusion?. Open University Press, 2000: 9.

⑥ A. Giddens. Sociology. Cambridge: Polity Press & Blackwell Publishing Company, 2001: 323-325.

⑦ 熊光清：《欧洲的社会排斥理论与反社会排斥实践》，《国际论坛》2008 年第 1 期。

畴）排斥包括了经济排斥、政治排斥、社会（微观范畴）排斥与文化排斥。从克服社会排斥、推进融合发展出发，那么社会（宏观范畴）融合应包括经济融合、政治融合、社会（微观范畴）融合和文化融合等。

在平潭两岸融合发展研究中，同样存在台胞的社会游离和在地居民的社会排斥问题。一方面，部分在平潭居住的台湾同胞因对当地社会不习惯而倾向保持社会游离状态，尤其是当前平潭正处于从以第一产业为主导的社会向以第二、第三产业为主导的社会转型的阶段，与已进入第三产业为主导阶段的台湾地区相比有很大差异，这使得台胞更容易因不习惯而产生社会游离。另外，平潭的台湾同胞对平潭的政治社会环境不熟悉、不习惯，也会强化他们的社会游离倾向。另一方面，平潭当地居民祖祖辈辈生活在这个过去相对封闭、相对平静的海岛上，突然来了许多陌生的外乡人，原来熟悉的生活方式与习惯可能受到冲击，在当地居民中产生社会排斥倾向也是在所难免的。

三、社会融入与社会接纳

融合发展中的第二对重要概念是社会融入和社会接纳，或者说少数群体的社会融入和主流群体的社会接纳，它们是社会融合中的一对向心力。

社会融入是指少数群体将自己主动融入主流群体，是社会游离的反义词。社会接纳是指主体群体主动地接受少数群体的社会融入，是社会排斥的反义词。不同学者对社会融入的提法也存在差异（见表 3-2）。

表 3-2　不同学者对社会融入的提法

学者	维度	内容
戈登（1964）①	结构性融入、文化性融入	结构性融入描述的是少数群体在流入地社会中，在制度与组织层面的社会参与程度；文化性融入描述的是少数群体在价值导向与社会认同上的转变过程。

① Gordon, Milton Myron. Assimilation in American Life: The Role of Race, Religion, and National Origins. New York: Oxford University Press, 1964: 79.

续表

学者	维度	内容
杨格-塔斯(2001)①	结构性融入、社会—文化性融入、政治—合法性融入	结构性融入是指少数群体对当地社会中制度与结构的适应性；社会—文化性融入是指少数群体对当地各种社会组织的参与和与主体群体人际沟通的能力发展，以及按照主体群体社会行为模式行动的过程；基于法律面前人人平等原则的政治—合法性融入集中体现在少数群体享有“公民权”方面。
恩泽格尔等(2003)②	社会经济融入、政治融入、文化融入、主体社会对移民的态度	社会经济融入是指少数群体在经济就业、收入水平、职业流动、社会福利与社会保障、社会性活动与社会组织参与等方面的改善状况；政治融入包括移民群体的合法政治身份——合法公民权（考察政治融入的最关键指标）、移民的政治参与和对市民社会的参与；文化融入包括移民对流入地社会基本规则与规范的态度、配偶的选择、语言能力、犯罪行为等；主体社会对移民的态度是指主体社会对移民的接纳或拒斥。
梁波等(2010)③	经济融入、社会融入、政治融入、文化融入	经济融入包括就业市场、收入水平、职业地位、劳动福利等状况；社会融入包括社会交往、朋友关系、组织参与、支持网络等；政治融入包括公民身份、选举权利、政党参与等；文化融入包括规范习得、语言学习、观念认同等。

少数群体的社会融入在很大程度上受到主流群体的社会接纳的影响，由于社会融入是少数人的行为，而社会接纳是多数人的行为，因此社会接纳在社会融合中的向心效应更为突出。社会接纳城市的居民（城市中主流群体）处于此互动关系的主流或强势一方，其对流动人口（城市中少数群体）的接纳意愿很大程度上影响着流动人口的归属感及对自己在社会化过程中身份的思考及认知，是社会融合的一个重要因素（宋

① Josine Junger-Tas. Ethnic Minorities，Social Integration and Crime，European Journal on Criminal Policy and Research，2001：5-29.

② Han Entzinger and Renske Biezeveld. Benchmarking in immigrant integration，Erasmus University Rotterdam，2003.

③ 梁波、王海英：《国外移民社会融入研究综述》，《甘肃行政学院学报》2010 年第 2 期。

月萍等，2012)。[①] 社会接纳（吸纳）带有比较明显的公共政策痕迹，它更多地体现为流入地社会的行动与作用，移民等群体则被看作行动客体。它反映了一种促进与改善人们生活状态、消除生活障碍与风险的预设观念（梁波和王海英，2010)。[②]

社会接纳与社会融入是融合发展中的一个维度的两个方向，社会接纳包含了经济接纳、文化接纳、政治接纳和社会接纳，也同样涉及结构性接纳和文化性接纳。

从概念范畴延展维度考察，可将社会接纳分为自我接纳、同伴接纳、人际接纳和社会接纳（李春霞等，2013)。[③] 费伊（1955）将社会接纳定义为自我接纳、接纳他人和对他人接纳自我的感觉，并以此设计出“接纳他人量表”来研究社会接纳。[④] 邦德和本斯（2003）将接纳定义为一个二维的过程：一是去体验如思想、情感和感觉等所有心理事件而不是改变、回避或者控制它们；二是通过接纳这些内部事件，人们能够更有效地把本来用于改变、回避和控制这些事件的能量用来以适合自身价值观和目标的方式去行动。他们将社会接纳视为双向过程，并在此基础上设计出“接纳量表”（AAQ)，该表包括了 8 个正向指标和 8 个反向指标。[⑤]

在平潭两岸融合发展研究中，台湾同胞的社会融入程度影响和决定他们对平潭能给他们带来生存与发展的机会的判断，以及平潭当地居民对他们的社会接纳程度。平潭要建设两岸同胞共同家园示范区，实现两

---

① 宋月萍、陶椰：《融入与接纳：互动视角下的流动人口社会融合实证研究》，《人口研究》2012 年第 3 期。

② 梁波、王海英：《国外移民社会融入研究综述》，《甘肃行政学院学报》2010 年第 2 期。

③ 李春霞、陈霏、黄匡时：《融入筑城：中国西部流动人口社会融合研究》，九州出版社 2013 年版，第 36 页。

④ W. F. Fey. Acceptance by others and its relation to acceptance of self and others: A revaluation. Journal of Abnorm Psychol, 1955 (2): 274-276.

⑤ Bond Frank W and Bunce David. The Role of Acceptance and Job Control in Mental Health, Job Satisfaction, and Work Performance. Journal of Applied Psychology, 2003 (6): 1057-1067.

岸同胞深度融合，处于主流群体地位的平潭大陆同胞要在经济接纳、文化接纳、政治接纳和社会接纳诸方面不断调整自己，了解影响台湾同胞社会融入的影响因素，更积极主动地推进和影响台湾同胞在平潭的社会融入。

四、社会距离与社会认同

融合发展中的第三对重要概念是社会距离与社会认同。认知意识影响行为表现。从某种意义上说，社会距离是社会认同的结果，也是两个群体对对方文化和生活习惯包容与接纳的意愿测度。社会认同是社会距离的成因，社会认同程度越高，社会距离越小；反之则相反。这两个概念都同时涉及两个群体的相互关系。在社会距离的讨论中，少数群体相对于主流群体的社会距离与主流群体相对于少数群体的社会距离，二者“等值”；在社会认同的讨论中，包括了少数群体对主流群体的社会认同和主流群体对少数群体的社会认同，还包括在社会融合过程中产生的新理念、新意识被主流群体与少数群体共同的社会认同。

社会距离是描述一个社会中两个群体间的相互关系密切程度的概念，也同样有着多种不一样的诠释：塔尔德（1903）认为，社会距离是表现阶级差距。[①] 博格达斯（1925）认为，社会距离是存在于行动者心理空间中的、行动者与其他行动者之间的心理距离。[②] 帕克（1950）认为，社会距离是指社会不同群体间的“亲近程度”，许多情况下“社会距离”被用于衡量这种“亲近程度”。[③] 西美尔（2007）认为，社会距离是人与人之间的内在屏障。[④] 普尔（2010）认为，社会距离是一种区分内外群体联系的族群形式。[⑤] 拉梅尔（2010）认为，社会距离是一种

---

① Gahriel Tarde. The Laws of Imitation. New York：Henry Holt and Company，1903：671.

② E. S. Bogardus. Measuring Social Distance. Journal of Applied Sociology，1925（9）：216-226.

③ Park. Race and Culture. Glencoe Ill：The Free Press，1950：150.

④ 西美尔著，陈戎女、耿开君、文聘元译：《货币哲学》，华夏出版社 2007 年版，第 82 页。

⑤ Willard C. Poole. Distance in Sociology [EB/OL]. http：//www. brocku. ca/MeadProject/sup/Poole-1927. html，2010-12-07.

社会关系与其他社会关系发生关联时所产生的情境。[①] 在国内学者的研究中，李春霞等（2013）认为，社会距离是人与人之间、群体与群体之间存在的理解和亲密的等级。[②] 郭星华（2004）认为，社会距离是存在于行动者心理空间中的、行动者与其他行动者之间的心理距离。[③] 许传新和许若兰（2007）认为，社会距离是存在于少数群体心理空间中的、在与主流群体互动过程中产生的心理距离。[④] 梁汉学（2011）的观点走得更远些，他将社会距离定义为不同社会阶层的社会差别。[⑤]

有了社会距离概念后，就有了社会群体的“近距离、中距离和远距离”之分（西美尔，2007）。[⑥] 而博格达斯量表则是衡量社会距离的最常被应用的工具，该量表将社会距离确定为 7 个等级，由远而近分为：(1) 应驱逐出境；(2) 可为外国移民；(3) 可为公民共处；(4) 可以共事；(5) 可为邻居；(6) 可为朋友；(7) 可以结亲。[⑦] 博格达斯量表将主观数理化，实现了社会距离实证化研究（李春霞等，2013）。[⑧] 一些学者从多个维度对社会距离进行测度，李等（1996）增加了另一套反转的社会距离量表，要求受访者评价其他群体在这些角色上对他们的接受程度。[⑨] 郭星华（2004）从向往程度、排斥预期和整体感觉三个维度进

---

① R. J. Rummel. Understanding Conflict and War [EB/OL]. http://www.hawaii.edu/powerkills/TC H. C HAP 16. HTM，2010-12-05.

② 李春霞、陈霏、黄匡时：《融入筑城：中国西部流动人口社会融合研究》，九州出版社 2013 年版，第 36 页。

③ 郭星华：《从乡村到都市：融入与隔离——关于民工与城市居民社会距离的实证研究》，《江海学刊》2004 年第 3 期。

④ 许传新、许若兰：《新生代农民工与城市居民社会距离实证研究》，《人口与经济》2007 年第 5 期。

⑤ 梁汉学：《利用人口普查数据测量社会距离的方法探讨》，《南方人口》2011 年第 4 期。

⑥ 西美尔著，陈戎女、耿开君、文聘元译：《货币哲学》，华夏出版社 2007 年版，第 82 页。

⑦ 卢国显：《中西方社会距离的研究综述》，《学海》2005 年第 5 期。

⑧ 同注②。

⑨ Lee My，Sapp SG，Ray MC. The Reverse Social Distance Scale. Social Psychology，1996 (1)：17-24.

行社会距离的测量。[①] 许传新和许若兰（2007）从交往状态、交往意愿、接纳预期三个维度进行测度。[②] 梁汉学（2011）采用人口普查能获取数据的指标进行测量，包括了性别、年龄、教育、行业、职业、住房六个维度。[③]

社会认同理论强调了社会认同在社会融合中的重要性。塔吉尔（1978）将社会认同界定为个体认识到他（或她）属于特定的社会群体，同时也认识到作为群体成员带来的情感和价值意义。[④] 黄匡时提出社会认同旨在解决"我们是谁?"的问题[⑤]，因此围绕个体与群体的关系展开，中心问题是个体如何主动积极融入群体，以及整个社会应如何维护团结和凝聚力。这些定义都强调了少数群体（或个体）对主流群体（或群体）的社会认同。就社会融合维度考察，社会认同也同样是双向的，不但有少数群体对主流群体或社会的社会认同，也有主流群体或社会对少数群体的社会认同。

社会认同理论认为，社会认同是指一个群体对其（群体）主要特征的自我描述，群体成员认同群体的行为与规范，并逐步将其心理化，将自己"归属于"这个群体，甚至认为自己的群体比其他群体好，并在寻求积极的社会认同和自尊中体会团体间差异，这样就容易引发群体间偏见和群体间冲突。群体间存在流动现象，地位低的少数群体成员会努力争取加入另一个地位较高的群体，从而获得更满意的社会认同。当地位较高的主流群体支持这种流动时，就弱化了少数群体的凝聚力，避免其产生集体性的对抗行为；相反，当少数群体中的成员认为这是很困难的，尤其认为阻力主要来自主流群体时，他们就会加强对自己群体的认

---

① 郭星华：《从乡村到都市：融入与隔离——关于民工与城市居民社会距离的实证研究》，《江海学刊》2004 年第 3 期。

② 许传新、许若兰：《新生代农民工与城市居民社会距离实证研究》，《人口与经济》2007 年第 5 期。

③ 梁汉学：《利用人口普查数据测量社会距离的方法探讨》，《南方人口》2011 年第 4 期。

④ Tajfel H. Differentiation Between Social Groups：Studies in the Social Psychology of intergroup Relations. London：Academic Press，1978：63.

⑤ 黄匡时：《社会融合的心理建构理论研究》，《社会心理科学》2008 年第 6 期。

同，甚至以集体行动来推翻社会对弱势群体施加的不合理的政治制度和社会制度（黄匡时，2008）。①

在平潭两岸融合发展研究中，台胞的社会认同是在中华文化认同的大前提下对平潭的社会、当地居民主流群体及当地文化的认同；平潭当地居民的社会认同是对平潭开放开发和台胞进入平潭后带来的观念变迁、社会变迁、文化变迁的认同。平潭台湾同胞与当地居民的社会认同交集越大，这两个群体之间的社会差距就越小。这里之所以将对平潭开放开发认同和对台湾同胞进入平潭社会的认同都作为平潭当地居民社会认同的重要组成部分，是强调对平潭综合实验区定位认同的关键性。平潭开放发展带来经济红利，同样要求当地居民付出文化变革的成本，不过文化习惯的改变不是很容易实现的，而是需要一个长期的过程。

综上所述，平潭两岸同胞的融合发展，就是指现有大陆同胞的主流群体与平潭台湾同胞的少数群体在平潭实现和睦相处，这既是平潭两岸同胞共同家园的建设目标和重要标志，也是平潭两岸融合的发展模式和战略方向，它包括了台湾同胞对平潭当地的社会融入，以及平潭当地居民对台湾同胞的社会接纳。平潭社会环境的特殊性和参与群体的特殊性，致使这种社会融入和社会接纳与其他情况下的社会融合有所不同，这需要我们对其特殊性和规律性进行探索和研究。相应地，在平潭也同样存在着由于台胞“不习惯”和“意愿弱”产生的社会游离，同时，由于环境突变，面对外部群体带来的冲击，平潭当地居民也可能会产生社会排斥倾向。在平潭两岸融合发展进程中，平潭当地居民的社会接纳占主导地位，平潭政府要在经济接纳、文化接纳、政治接纳和社会接纳诸方面，主动地推进台湾同胞对平潭的社会融入。同样，在平潭融合中也存在双向认同。台湾同胞群体的社会认同与平潭当地居民群体的社会认同之间的交集越大，其社会距离也就越小。

---

① 黄匡时：《社会融合的心理建构理论研究》，《社会心理科学》2008 年第 6 期。

第四章　平潭两岸融合发展实证研究

在融合发展理论基础上，本章通过对资料的采集与梳理，对平潭两岸融合发展开展实证研究。首先，在对同类研究进行评述的基础上，对平潭两岸融合发展的二手资料进行梳理和分析，然后，从两岸融合发展视角出发，通过对在闽台胞开展问卷调查、对两岸关系研究专家进行深度访谈、对平潭本岛开展田野调查，并将平潭与昆山两大台胞社区融合发展案例进行比较研究，综合平潭两岸融合发展的一手资料和二手资料分析，对平潭融合发展状况作出判断与评价，进而提出对推进平潭两岸融合发展的相关启示。

第一节　两岸融合发展研究述评

随着两岸合作交流的不断扩大与深入，学者们研究越来越重视移居大陆的台胞群体，初步形成了一个涵盖面广、研究内容多、富有现实意义的新研究领域。本节通过梳理学者们对移居[①]大陆台胞群体社会融入相关研究，以期理清脉络，启迪研究思路，并在此基础上推衍出对平潭两岸融合发展的启示。

移居大陆台胞社会融入研究是两岸关系研究和移民现象研究的交集，本节依照社会移民研究的基本板块构成的框架，从移居大陆台胞的族群识别、身份认同、社会融合、社会关系网络和社会接纳五个层次展

① 移民是人口在空间上流动的现象，如从甲地迁移到较远的乙地定居的人。移民现象可分为国境内的移民及跨国境的移民。台胞移居大陆属于国境内的移民，到大陆居住是这些移居大陆台胞的基本特征，这里移居的概念是指台胞在大陆居住，但并不受居住时间与地点限制。可见，台胞移居大陆是一种特殊的“移民”现象。

开研究述评。①

一、移居大陆台胞识别研究述评

改革开放以后到大陆居住的台胞，包括台商、台生等多个社会群体，由于其具有显著的两岸间流动性、身份的双重性和迁徙的特殊性，成为中国社会发展中出现的一种特殊“移民”群体。

（一）移居大陆台胞族群的概念及构成

居留祖国大陆的台湾同胞群体，或称为移居大陆台胞族群，是一个跨越海峡两岸有形无形界线的群体。根据该族群的某一特性，又被进一步细分为“两岸族”（突出其两岸流动生活的特征）、“新半山群体”（新的“半个外省人的台湾人”）②、两岸“连缀社群”（突出其联系两岸社会的特征）③、或台湾的“台、澎、金、马”等25县人之外的“第26县人”（突出其区域归属差异性的特征）④，等等。这里“移居”的概念是指在大陆居住，并不受居住时间与地点限制。另外，这里讨论的“移居”概念不包括改革开放之前回到大陆定居的台胞，因为不同时期移居大陆的台胞情况极不相同。

移居大陆台胞族群来自不同的社会阶层，研究者们对这些族群阶层分类基本类似：包括了投资者、经营者及台湾企业外派干部，以及高阶管理阶层、低阶白领和灰领（灰领是指介于白领与蓝领之间的工作，比如领班）。⑤ 以阶层区分，可以分为台商（经商和开厂的老板）、台干（管理人员）、台劳（打工者）、台太（配偶）、台生（学生）和台流（大陆台胞中流动性强、职业不固定的群体）等。⑥ 另外，还有研究提出二

---

① 施玮、蒋依娴、王秉安：《移居大陆台胞社会融入研究现状述评》，《台湾研究集刊》2016年第1期。

② 王茹：《台湾“两岸族”的现状、心态与社会融入情况》，《台湾研究集刊》2007年第3期。

③ 严志兰：《台湾民众认同问题的历史与现实——以大陆台商社会认同的实证研究为例》，《东南学术》2014年第1期。

④ 严志兰：《在闽台商社会适应研究》，上海大学2010年。

⑤ 同注④。

⑥ 胡苏云：《上海台湾人的社会融入分析》，《社会科学》2006年第8期。

代台商的概念，指出二代台商是一个新兴的群体，进而将移居大陆台胞分为台商企业主、二代台商、台商个体户、台干和台商配偶五种人群。①

在移居大陆台胞社会融入研究中，一类以移居大陆台胞族群整体为研究对象②③④⑤⑥，另一类则是对这一族群中特定群体展开，其中以研究台商的居多⑦⑧⑨⑩⑪⑫。此外，还有专门对台太⑬、台生⑭⑮⑯、台

---

① 严志兰：《大陆台商社会适应的共性与差异性——基于福建的田野调查》，《福州大学学报（哲学社会科学版）》2012 年第 3 期。

② 陈威：《依托社区服务常住台胞 构建社会主义和谐社会》，《上海市社会主义学院学报》2006 年第 2 期。

③ 陈哲彣：《惠台政策对台湾民众认同意识之影响——基于问卷调查与访谈之研究》，复旦大学 2008 年。

④ 郭艳：《大陆台胞的认同变迁：一种基于理论的探讨》，《北京联合大学学报（人文社会科学版）》2008 年第 4 期。

⑤ 王茹：《“两岸族”台胞的社会身份认同与两岸命运共同体——从社会认同理论的本土文化心理机制出发的阐释》，《台湾研究集刊》2010 年第 1 期。

⑥ 曾嬿芬、吴介民：《重新思考“公民”身份的政治面向：移居中国大陆之台湾人公民身份政策为例》，《政治与社会哲学评论》2010 年第 3 期。

⑦ 严志兰：《跨界流动、认同与社会关系网络：大陆台商社会适应中的策略性——基于福建台商的田野调查》，《东南学术》2011 年第 5 期。

⑧ 严志兰：《大陆台商社会关系网络的类型及其建构过程——以在闽台商为例》，《中共福建省委党校学报》2011 年第 2 期。

⑨ 朱慧、任庆运、何立军：《相融共生和谐发展——昆山台商群体社会融入调研分析》，《中国集体经济》2011 年第 4 期。

⑩ 蔡宏进：迁移大陆台商调适过程中社会混动问题之研究》，《东吴社会学报》2001 年第 10 期。

⑪ 吴贤卿：《新欢与旧爱：大上海台商认同移转之研究》，铭传大学 2004 年。

⑫ 嘎日达、黄匡时：《西方社会融合概念探析及其启发》，《理论视野》2008 年第 1 期。

⑬ 舒瑶：《台太的社会融入》，华东理工大学 2010 年。

⑭ 邓一飞：《在沪台胞子女就读现状及政策需求调查》，《上海教育科研》2008 年第 2 期。

⑮ 董小苹：《在沪台湾大学生的政治意识与政治参与》，《青年研究》2006 年第 10 期。

⑯ 董小苹、魏莉莉：《在沪台湾大学生社会意识调查》，《社会科学》2006 年第 8 期。

干[①]、台胞家庭[②]等群体开展的研究。许多研究以特定集聚地的移居大陆台胞作为其研究对象，由于上海及周边地区是大陆台胞高度密集居住区，专门以居住在上海及周边地区台胞为对象的研究较多，也有研究者专门讨论移居福建的台胞。

（二）移居大陆台胞族群的基本特点

现有文献对居住大陆台胞的特点开展研究，其观点可归纳为：一是跨界流动性。移居大陆台胞族群是一个类似于跨界的群体或亚群体，[③]是伴随海峡两岸经贸往来成长起来的新兴的、特殊的跨界流动群体。[④]二是身份双重性。他们“具有身份的多重性和叠合性”[⑤]，一头联结着台湾人，一头联结着大陆人，这是一种重叠、交互的身份认同[⑥]。他们既没有完全整合或融入大陆当地社会，又由于生活地点转移到大陆而不同程度地弱化了与台湾原有的联系，也就是说与大陆和台湾社会都保持了一定的距离。[⑦] 他们在大陆的身份为“台湾地区居民”，仍然不是依照一般中国大陆居民标准被规范权利义务关系，而是被视为一种身份特殊的群体。[⑧] 这种双重身份“造成其地位的尴尬，其自我地位意识是‘两面不是人，有经济地位，没有其他地位’”。[⑨] 但也有研究者从不同角度观察，认为生活圈的紧密联系将使其与大陆当地人的交流逐渐从经

---

① 周大鸣、田絮崖：《“台干”的文化调适与群体认同研究——以珠三角地区的“台干”为例》，《南方人口》2013 年第 4 期。

② 陈怡洁：《台湾家庭在沪居住模式与影响因素分析》，复旦大学 2012 年。

③ 陈先才、刘国琛：《两岸社会一体化的理论架构与实现路径》，《台湾研究集刊》2010 年第 6 期。

④ 严志兰：《大陆台商社会适应的共性与差异性——基于福建的田野调查》，《福州大学学报（哲学社会科学版）》2012 年第 3 期。

⑤ 同注③。

⑥ 曾嬿芬、吴介民：《重新思考“公民”身份的政治面向：移居中国大陆之台湾人公民身份政策为例》，《政治与社会哲学评论》2010 年第 3 期。

⑦ 严志兰：《跨界流动、认同与社会关系网络：大陆台商社会适应中的策略性——基于福建台商的田野调查》，《东南学术》2011 年第 5 期。

⑧ 曾嬿芬、吴介民：《重新思考“公民”身份的政治面向：移居中国大陆之台湾人公民身份政策为例》，《政治与社会哲学评论》2010 年第 3 期。

⑨ 胡苏云：《上海台湾人的社会融入分析》，《社会科学》2006 年第 8 期。

济领域延伸到文化和私人生活领域，最终塑造出混合台湾和大陆思想的新台湾人。① 三是迁徙特殊性。移居大陆台胞是个非常特殊的跨境迁移的族群，其迁移发生在一个国家的两个不同社会制度的区域中，既不属于国际迁移群体（如跨国移民），又不同于境内流动群体（如新产业工人群体）。②

从上述研究回顾中可以看出：移居大陆台胞族群是改革开放以后到大陆居住（生活、工作、学习）的台湾同胞，包含了台商、台干、台生、台太、台劳和台流等多个社会阶层，由于具有显著的跨界流动性、身份双重性和迁徙特殊性，成为中国社会发展进程中出现的特殊“移民”现象。因此，对这一族群的大陆社会融入的特殊规律性开展研究，既是社会融入研究范畴中的一个新方向，也是平潭两岸融合发展研究的一个重要现实课题。

二、移居大陆台胞身份认同研究述评

在研究社会融入现象时，不同群体的身份认同程度往往对他们的社会融入程度有主导性影响。移居大陆台胞族群的身份认同，受制于多种因素影响，有着各种各样的表现。

身份认同是指一群人在意识上有共同的自觉，也就是“我们”相对于“他们”或“你们”的独特感觉（Wiemer，1987），可以简单地被视为一个确立同类和他者及其边界的过程。③ 如果说经济融合是台胞移居大陆的主导性动因之一，身份认同则是移居大陆台胞对当地社会融入的主导性动因之一，对“中国人”的身份认同度越高，其融入大陆社会的主动性越强，融入的周期越短，融入的深度越大。然而，移居大陆台胞

---

① 陈哲彣：《惠台政策对台湾民众认同意识之影响——基于问卷调查与访谈之研究》，复旦大学 2008 年。

② 严志兰：《大陆台商社会适应的共性与差异性——基于福建的田野调查》，《福州大学学报（哲学社会科学版）》2012 年第 3 期。

③ 同注①。

的身份认同是一种较为特殊的社会身份认同。① 对移居大陆台商的身份认同的研究，由于研究者的研究角度、研究对象和研究时序点等不同，必然带来判断上的多样性，以下从基本认同、文化认同、国家认同和混合认同等维度对这些研究观点进行述评。

多数研究认为：移居大陆台胞族群中多数人认同中华文化、中华民族，两岸原本就属同一个民族，长期享有共同的文化传统，在血缘、地缘、风俗习惯等方面保持着不可分割的联系，在文化上不可否认地受中华文化的影响，在内心深处保持应有的民族文化认同，只有不到15%的受访台湾民众不认为两岸同属一个民族。②

但在此大文化认同的前提下，在移居大陆台胞的文化认同研究方面仍然出现了多种观点。一是“文化双重认同”观点，认为有一定比例的台胞认同中国文化，同时也认同台湾的本地文化。③ 在文化身份的选择上具有“求同存异”“和而不同”的特点，一方面将自己置身于中华文化的大背景中，这是顺利融入当地社会的基础，另一方面倾向于保持自身所具有的台湾文化特质。④ 二是“第三文化”观点，认为移居大陆的台商群体的这种独特生活实践和文化实践有可能创造出一种独立于台湾文化和大陆文化之外的“第三文化”。⑤ 三是“两岸族”观点，认为“两岸族”作为这些台胞的自我认同越来越得到认可，因为它是这些台湾同胞在两岸之间的往来和生活经验所带来的感受、思考，在经过时间的沉淀和累积后得出的一种身份认同。⑥

在对移居大陆台胞的国家认同研究方面，虽然很多台胞承认“同一

---

① 陈哲彣：《惠台政策对台湾民众认同意识之影响——基于问卷调查与访谈之研究》，复旦大学2008年。

② 同注①。

③ 同注①。

④ 严志兰：《台湾民众认同问题的历史与现实——以大陆台商社会认同的实证研究为例》，《东南学术》2014年第1期。

⑤ 严志兰：《跨界流动、认同与社会关系网络：大陆台商社会适应中的策略性——基于福建台商的田野调查》，《东南学术》2011年第5期。

⑥ 同注①。

个中国”,[①] 但也同样出现多种研究结论。一是“多元化”观点，一项关于“台湾、大陆同属于‘一个中国’”的调查发现，受访的台胞意见呈多元化，分布在各个不同意见群（即“非常同意”的人群直至“非常不同意”的人群）的人数比例相近。[②] 还有研究者认为，现阶段台湾民众的国家认同出现多元化特征，大体上表现为“一个中国”“一中一台”和“两个中国”三类互相对立的观点，由此导致台湾民众的国家认同更加扭曲、畸形，在台湾社会埋下了冲突、对立的种子。[③] 二是“国家认同和地方认同”观点，聚焦解释当前台湾民众“中国人认同”与“台湾人认同”的关系，认为“台湾人认同”的加强是台湾民众自尊需求提升的结果，它在促进凝聚社会共识方面起到积极作用，但也会产生“内群偏见”和“刻板印象”，不利于两岸及民众之间积极正面的交流互动。[④]

有学者提出了混合认同的概念：一是国家的认同是政治层面的认同，而民族认同是文化层面的认同。二是台湾民间的“大陆印象”，政治制度认知方面是疏离、陌生和对立的；基本国情的认知方面心态复杂且有不平衡感；微观社会生活方面基本是熟悉、理解和认同的。[⑤]

另外一项研究从移居大陆台胞的四个认同方面对在闽台商的自我认同进行了分析，即“对自身所具有的异质性的认知”“地域身份认同”“群体身份认同”和“文化身份认同”四个方面，得出相应结论：地域性认同程度最高，对作为台湾人的文化价值观念的认同也比较一致，相比较而言在当地社会感受到的异质性不那么强烈，从信任感中所体现出的群体身份认同程度也较低。研究表明，半数以上的台商自我认同总体上倾向于台湾，但不同的认同点、认同的程度出现分化，尤其是异质性

---

① 董小苹：《在沪台湾大学生的政治意识与政治参与》，《青年研究》2006年第10期。

② 陈哲彣：《惠台政策对台湾民众认同意识之影响——基于问卷调查与访谈之研究》，复旦大学2008年。

③ 严志兰：《台湾民众认同问题的历史与现实——以大陆台商社会认同的实证研究为例》，《东南学术》2014年第1期。

④ 同注③。

⑤ 同注③。

认知和群体身份方面的“台湾人”认同都不强烈。①

移居大陆台胞的身份认同受到多种因素影响：一是移居大陆时间的长短。随着台胞事业的逐步展开和社会网络的日渐形成，个人生活重心会逐渐转移到居住地，从而客观上有利于增加对居住地的认同。② 他们的群体边界依然存在，但这种边界又会随着时间不断发生变化，可能逐渐变得模糊，维护边界最重要的因素是双方的不信任感，而这种不信任感也在逐渐减弱。③ 一项对在沪就读的台湾大学生的研究发现，他们的民族认同意识强于同龄的台湾青年群体。④ 二是固有的思维定势。对大陆负面印象的留存，使得他们不易改变既有的认同。⑤ 三是“省籍”因素。“外省人”背景的台胞比“本省人”背景的台胞更容易对居住地产生认同，“外省人”能更快适应当地的生活，因为他们本来就是从大陆迁移来的。⑥

从上述研究回顾中可以看出：影响移居大陆台胞的社会融入的主导性推动力——台胞身份认同，是一种受多种因素影响的、表现多样化的复杂过程。这一过程受制于个人因素和外部因素。个人因素包括背景(如“外省”籍贯与“本省”籍贯间的差异)、在大陆居留的时间长短、在大陆事业的成功程度等；外部因素包括大陆的快速发展、台湾发展的停滞、大陆民众对台胞的友好程度等。

三、移居大陆台胞社会融合研究述评

大部分移居大陆台胞都能较好适应当地环境，对中华文化的认同与

① 严志兰：《跨界流动、认同与社会关系网络：大陆台商社会适应中的策略性——基于福建台商的田野调查》，《东南学术》2011 年第 5 期。

② 陈哲彣：《惠台政策对台湾民众认同意识之影响——基于问卷调查与访谈之研究》，复旦大学 2008 年。

③ 周大鸣、田絮崖：《“台干”的文化调适与群体认同研究——以珠三角地区的“台干”为例》，《南方人口》2013 年第 4 期。

④ 董小苹：《在沪台湾大学生的政治意识与政治参与》，《青年研究》2006 年第 10 期。

⑤ 同注②。

⑥ 严志兰：《大陆台商社会关系网络的类型及其建构过程——以在闽台商为例》，《中共福建省委党校学报》2011 年第 2 期。

同宗同根、同言同文决定了台胞比在中国居住的外国人能更快融入当地社会，但是心理隔阂、社会差距、互动问题，甚至台胞籍贯等都可能对他们在大陆的社会融入产生影响。

多项研究对上海及周边地区移居大陆台胞社会融入状况得出相近结论：台胞普遍适应上海的社区生活，85.6％的受访常住台胞对社区生活总体感到满意和比较满意，89.6％的受访常住台胞认为自己已经融入上海本地生活。① 受访者中半数以上的移居者对上海的生活表示满意和相当满意，有70％的台商对在昆山的生活基本满意。②

研究者发现大陆台商社会适应的心态是比较复杂的，并将其归纳为：第一，不安全感是台商中普遍存在的一种心理，而这种不安全感源自不信任。第二，早期台商竞争优势的减弱以及竞争压力的增加，是台商群体中普遍存在的心理感受。第三，潜意识的优越感是台商中普遍存在的又一特殊心态。③

虽然台商与大陆人民同源同种且使用相同语言，但因两地之间隔离时间颇久，社会与政治制度、经济地位、生活水准与生活方式都有许多不同之处，因此台商与大陆人民之间多少都有些社会差距及心理隔阂，这种距离与隔阂也许不像大陆人民与其他外商之间那么大，但仍无法完全消除。④

还有研究探讨台胞与目的地多种人群之间社会互动的问题，包括台商与公职人员、与当地员工、与当地一般民众间的互动等，得出结论是这一互动过程确实存在许多问题。⑤

移居进程影响移居大陆台胞的社会融入，台商与当地社会从工具性

① 陈威：《依托社区服务常住台胞 构建社会主义和谐社会》，《上海市社会主义学院学报》2006年第2期。

② 王茹：《台湾“两岸族”的现状、心态与社会融入情况》，《台湾研究集刊》2007年第3期。

③ 严志兰：《大陆台商社会适应的共性与差异性——基于福建的田野调查》，《福州大学学报（哲学社会科学版）》2012年第3期。

④ 严志兰：《大陆台商社会关系网络的类型及其建构过程——以在闽台商为例》，《中共福建省委党校学报》2011年第2期。

⑤ 同注④。

联系发展到情感性联系有助于社会融入。[①] 台胞原籍也影响社会融入，家住台中和台南的台太明显更加保守一些；大部分原籍台北的台太相对就比较开放。[②]

台太作为移居大陆台胞族群中的特殊群体，其与本地人的交流意愿可以分为三种：完全排斥即基本不交流型、有意愿但没机会型、有意愿有行为即主动交流型，其中以第二种类型为主。应用贝里的移民群体的“融合、同化、分离和边缘化”四种不同文化适应策略模型对台太群体分析发现，采取同化策略的台太占据主导地位，融合和边缘化策略运用相对较少，许多人处于既不积极不主动也不排斥的状态。[③]

从上述研究回顾中可以看出：移居大陆的台胞大部分都能较快融入当地社会，但心理隔阂、社会差距、互动问题，甚至台胞原籍等都会对他们在大陆的社会融入产生影响，这就要求我们在制定和推进移居大陆台胞社会融入政策时应该要有更清醒的认知，对平潭两岸融合发展的政策选择、制定与实施也同样如此。

四、移居大陆台胞社会关系网络研究述评

重视人际关系是华人的明显特征之一。对华裔移民的实证研究都表明，关系网络在华人社会里普遍存在且发挥着重要的作用。[④] 在对移居大陆台胞社会融入的研究中，社会关系网络情况也受到了关注。

移居大陆台胞重视社会关系网络，他们的朋友大部分是台湾人，有工作的台湾人交往的大陆朋友可能多些，全职太太大部分只和台湾人来往。台干往往和老板是朋友、亲戚、邻居等关系。[⑤] 然而，随着移居大陆台胞的增多，他们的社会关系网络往往呈现出封闭的倾向，这是因为

① 严志兰：《大陆台商社会适应的共性与差异性——基于福建的田野调查》，《福州大学学报（哲学社会科学版）》2012 年第 3 期。

② 舒瑶：《台太的社会融入》，华东理工大学 2010 年。

③ 同注②。

④ 严志兰：《跨界流动、认同与社会关系网络：大陆台商社会适应中的策略性——基于福建台商的田野调查》，《东南学术》2011 年第 5 期。

⑤ 胡苏云：《上海台湾人的社会融入分析》，《社会科学》2006 年第 8 期。

已经形成了一套解决各种问题的社会支持体系，表现出来的不是当地人对移居者的同化和相互融合，而是分化和相互隔离。①

对在闽台商的研究发现，在移居大陆台胞社会关系网络中存在两个现象：第一，亲缘关系和地缘关系是在闽台商最重要的关系网络和社会支持网络类型。台商朋友不论是在工作中还是在生活中都占有十分重要的地位。第二，两岸联姻是台商建构社会关系网络的特殊方式，也是一种策略化社会适应方式。②

移居大陆台胞社会关系网络中还存在"大圈子"和"小圈子"现象。"大圈子"是指台胞的各种社团，它具有两个特征：一是以地缘性关系为主要脉络构建；二是关系网络组织比较正式，有相对固定的活动地点、活动内容和组织规范。超过60%的受调查者更愿意参加台湾人在大陆的社团组织。"小圈子"作为在闽台商社会关系网络的另一种形式，能使台商关系触角深入当地社会日常生活中。"小圈子"的特征是：建构方式更加灵活，更具开放性，更加小型化、私人化、日常生活化。"小圈子"关系网络是沿着业缘关系和新兴的互联网络建构的，是帮助台胞融入当地社会的有效方式之一。③

一个人参加多个社团和经常性的聚会是东南亚华人社会关系网络中最常见的沟通与维系方式，这种现象也同样存在于移居大陆台胞族群中。联谊餐会在移居大陆台胞社会关系网络中起着网络载体、非正式与正式组织连接与互动、非正式的私人关系与正式的工作关系的链接等作用。

从上述研究回顾中可以看出：社会关系网络在移居大陆台胞族群中也同样普遍存在，且在台胞的社会融入中起着特别的工具性作用，是实现台胞社会融入的重要管道，研究华人社会关系网络的一般规律性，以

---

① 王茹：《台湾"两岸族"的现状、心态与社会融入情况》，《台湾研究集刊》2007年第3期。

② 严志兰：《大陆台商社会关系网络的类型及其建构过程——以在闽台商为例》，《中共福建省委党校学报》2011年第2期。

③ 严志兰：《跨界流动、认同与社会关系网络：大陆台商社会适应中的策略性——基于福建台商的田野调查》，《东南学术》2011年第5期。

及台胞社会融入的特殊性，也应是平潭两岸融合研究关注的重要方面。

五、移居大陆台胞的社会接纳研究述评

本书将社会接纳概念用以描述当地居民对进入当地社会移民的反应，也就是移居大陆台胞居住地民众对台胞社会融入的反应。显然，社会融入与社会接纳构成了“移民”现象的两个方面，其相互作用结果决定了台胞与当地民众间的融合程度、融合方式与融合内容。如果以移居大陆台胞族群为主要研究对象，当地民众态度与政策就成了台胞社会融入中具有决定性意义的外部因素。

移居大陆台胞族群的社会接纳研究可分为两个方面，即公共部门的社会接纳和当地民众的社会接纳。研究者关注到台胞迁入地区的政府公共服务模式及水平，以及台胞对当地人文环境和社会支持网络等方面的感知状况、适应程度、满意度评价及与本地人之间相处的和谐程度。①

移居大陆台胞族群的公共部门社会接纳研究，涉及各级政府为台胞移居创造的政策环境、政治环境、治安环境、社区环境，也包括医疗服务和教育服务等具体领域。对于大部分移居大陆的台湾同胞而言，最大的利益是既享受到大陆地区的优惠政策，又保有台湾地区的有关权益。近年来，大陆对于台湾迁移者的政策有许多重大改变，比如放宽延长居住许可的条件及台湾同胞在大陆的就业规定，符合某些特定条件的台湾同胞可以在大陆申请台湾居民居住证。②③

一项对在沪台胞进行的调研显示，53.6%的受访台胞对参与社区管理的满意度较低，超过40%的受访台胞对社区提供的卫生医疗、教育、家政服务和咨询表示不满意。④ 由于两岸医疗保险无法衔接、医疗理论和医疗环境不同，台太在上海的就医情况普遍存在压力，⑤ 55%的台湾

---

① 严志兰：《大陆台商社会关系网络的类型及其建构过程——以在闽台商为例》，《中共福建省委党校学报》2011年第2期。

② 同注①。

③ 舒瑶：《台太的社会融入》，华东理工大学2010年。

④ 胡苏云：《上海台湾人的社会融入分析》，《社会科学》2006年第8期。

⑤ 同注③。

人移居上海后最担心的就是医疗品质不好。[①]

有子女的台太们都提到了大陆和台湾的教育体制差异，除了学校学制差异和内容偏重，还有教材衔接、教育资历认可等方面的问题，虽然有许多台湾小孩在大陆报考大学的优惠政策，[②] 但仍有30%的台湾人担心子女教育问题，教育问题位居他们所关注问题的第二位。[③]

从大陆民众角度研究移居大陆台胞的社会接纳的成果不多。相关研究表明，市民的素质也影响着双方的对等交往，特别是某些上海市民一些基本公共道德、文明和生活习惯的差距影响着台湾人的印象和双方的交往。34.4%的受访台胞认为居民素养亟待提高。[④] 台胞普遍认为上海人对台湾人的印象存在一定偏差，53%的受访台胞认为上海人对台湾人有根深蒂固的认知偏见。不少上海居民并不十分主动与台湾人接触，台湾人尤其是台太们本身也不会主动与当地人联系，因此难免存在心理差距，导致偏见的产生。[⑤] 大陆居民的“偏见”和台胞对这种所谓“偏见”的感知都会对移居大陆台胞的社会接纳与社会融入产生消极影响。

从上述研究回顾中可以发现：聚焦移居大陆台胞族群的社会融入研究的终极目标是营造一个有利于台胞社会融入的环境与政策体系，然而现有研究在社会接纳方面虽然讨论了包括政策、社区、医疗、教育等公共服务领域对台胞社会融入的影响以及当地民众在台胞社会融入中的作用，但研究深度不足，深化该领域研究可以为制定推进两岸融合发展的政策提供有效支持。

六、两岸学界对两岸社会融合研究差异述评

本书在梳理回顾关于移居大陆台胞的社会融入研究时发现，两岸学

① 谢华平：《在沪台湾人群状况分析及其建议//2003上海社会报告书（尹继佐主编）》，上海社会科学院出版社2003年版，第86—94页。

② 舒瑶：《台太的社会融入》，华东理工大学2010年。

③ 同注①。

④ 胡苏云：《上海台湾人的社会融入分析》，《社会科学》2006年第8期。

⑤ 舒瑶：《台太的社会融入》，华东理工大学2010年。

者的研究也存在两方面差异：

一方面，研究结果有较明显的差异，台湾学者的研究结论往往偏悲观，大陆学者的研究结论往往偏乐观。这可能与所调查对象的群体构成相关，大陆学者遇到的对象中“成功”台胞会更多些，而台湾学者遇到的情形更多样化；或者也可能与研究者各自的“先入为主”的潜意识等有一定关系。

另一方面，研究的时间点有差异，台湾学者选取的时间点更平均，而大陆学者选取的时间点多在两岸关系较好的阶段。在不同时间点上进行的研究，往往会得出差异明显的结论，这说明了移居大陆台商的社会融入状况与两岸关系变动有很高的相关度。

不同研究结论的差异，必然影响对移居大陆台胞族群社会融入状况的判断，这就为开展进一步研究提出了挑战。

本书针对第一方面差异的应对建议是：两岸学者联手在同领域开展研究，甚至联合开展同一个研究，既相对独立又深度合作，共同讨论研究目标和设计研究方法，分头实施，然后再对研究采集到的资料共同进行分析，在此基础上作出判断。针对第二方面差异的应对建议是：一方面要使研究动态化，研究过程中要导入时间因素；另一方面分析时要考虑两岸关系变化这一影响因素，明确两岸政治关系生态对移居大陆台胞的社会融入生态的影响。

移居大陆台胞族群社会融入研究的终极目标之一是考虑如何营造出一个有利于台胞社会融入的社会接纳政策体系。大陆公共部门继续在政策、社区、医疗、教育等公共服务领域对台胞社会融入产生更大正面影响，教育和引导当地民众群体在对台胞的社会接纳中发挥更主动积极的作用，是两岸融合发展政策体系持续优化的关键。

平潭台胞是移居大陆台胞族群的一部分，开展移居大陆台胞族群的社会融入的心理与行为规律性研究，可以为平潭两岸融合发展政策设计提供具有重要现实意义的参照系。

第二节 基于结构方程模型的福建台胞社会融合研究

本节应用结构方程模型（Structural Equation Modeling，SEM）分析方法，选择“文化心理”“社区保障”“经济事业”和“政治政策”四个项目作为福建台胞社会融合的影响因素，通过问卷调查得到相关数据，在数据分析基础上，对移居福建的台胞的社会融入情况进行实证研究。①

一、福建台胞社会融合模型构建

（一）潜在变量选取与假设提出

在 SEM 中，变量有“潜在变量与测量变量”两种基本形态，前者不可直接观测，只能由后者推估。本节的潜在变量是根据理论分析来选取的对福建台胞社会融合程度可能具有影响的因素。

一方面，福建台胞作为迁移群体类型中的一种，本节将国际迁移群体（如跨国移民）、跨境迁移群体（如台胞）与境内流动群体（如新产业工人群体）统称为迁移群体，具有迁移群体融合的一些共性特征。因此，在选取福建台胞社会融合模型的潜在变量时，首先应参考一般迁移群体的社会融合影响因素。不同学者对迁移群体社会融合的研究一般从经济、社会和文化三个层面来概括（见表 4-1）。

① 课题组根据本部分研究成果撰写论文并发表。参见蒋依娴、王秉安：《基于 SEM 的福建台胞社会融合影响因素与路径关系研究》，《台湾研究集刊》2018 年第 1 期。

表 4-1　不同学者关于影响迁移群体社会融合的潜在因素的观点

学者	影响社会融合的潜在因素	学者	影响社会融合的潜在因素
田凯（1995）①	职业、经济收入及社会地位、生活方式、社会交往与参与	童星和马西恒（2008）②	居住、就业、价值观念和生活方式
朱力（2002）③	经济、社会和心理或文化	杨菊华（2010）④	经济、文化、行为、身份
王桂新和罗恩立（2007）⑤	经济、政治、公共权益、社会关系	陆淑珍和魏万青（2011）⑥	经济、社会交往、文化适应
杨黎源（2007）⑦	风俗习惯、婚姻关系、工友关系、邻里关系、困难互助、社区管理、定居选择及安全感等	卢小君和陈慧敏（2012）⑧	公共服务、经济地位、社会保障、社区参与和身份认同
任远（2008）⑨	教育、就业、居住	周皓（2012）⑩	经济、文化、社会、结构和身份认同

① 田凯：《关于农民工的城市适应性的调查分析与思考》，《社会科学研究》1995 年第 5 期。

② 童星、马西恒：《“敦睦他者”与“化整为零”——城市新移民的社区融合》，《社会科学研究》2008 年第 1 期。

③ 朱力：《论农民工阶层的城市适应》，《江海学刊》2002 年第 6 期。

④ 杨菊华：《流动人口在流入地社会融入的指标体系——基于社会融入理论的进一步研究》，《人口与经济》2010 年第 2 期。

⑤ 王桂新、罗恩立：《上海市外来农民工社会融合现状调查研究》，《华东理工大学学报（社会科学版）》2007 年第 3 期。

⑥ 陆淑珍、魏万青：《城市外来人口社会融合的结构方程模型——基于珠三角地区的调查》，《人口与经济》2011 年第 5 期。

⑦ 杨黎源：《外来人群社会融合进程中的八大问题探讨——基于对宁波市 1053 位居民社会调查的分析》，《宁波大学学报（人文科学版）》2007 年第 6 期。

⑧ 卢小君、陈慧敏：《流动人口社会融合现状与测度——基于大连市的调查数据》，《城市问题》2012 年第 9 期。

⑨ 任远：《谁在城市中逐步沉淀了下来？——对城市流动人口个人特征及居留模式的分析》，《吉林大学社会科学学报》2008 年第 4 期。

⑩ 周皓：《流动人口社会融合的测量及理论思考》，《人口研究》2012 年第 3 期。

在综合社会融合相关研究的基础上，本节确定“文化心理”“社区保障”“经济事业”三项作为福建台胞社会融合的影响因素，即模型的潜在变量。

另一方面，台胞又是非常特殊的跨境迁移族群，其与普通迁移群体的不同之处在于其迁移是发生在一个国家的两个不同社会制度的区域中，这两个区域有着一脉相承的文化，却因政治原因在社会融合中有着特殊性。在宏观层面，大陆与台湾的政治关系特殊而复杂，而本书关注的是更为微观具体的福建的惠台政策、公共服务提供等对台胞社会融合的影响，将其命名为“政治政策”融入感知，为继前述三大潜在变量之后的第四个潜在变量。加上福建台胞“总体社会融合程度”这一核心变量，共设置五个潜在变量。

以下对“文化心理融入感知”“社区保障融入感知”“经济事业融入感知”与“政治政策融入感知”四项潜在变量的内涵进行剖析，并对变量之间的关系提出假设。

1. 文化心理融入感知

在影响迁移人群社会融合的各维度各层面的因素中，大部分研究者都认同文化心理适应是最为重要、最直接的因素①，其他影响因素需要通过对文化心理因素起作用而间接影响社会融合程度。如芝加哥学派的帕克等就曾提出：“同化是移民和当地居民之间相互渗透、交往，相互分享各自的文化记忆，并和所在的城市相互适应，汇入一种共同的文化生活的过程。”② 而此处“同化”是社会融合的一种高级状态。新迁移的人群都面临着语言、习俗、生活方式等文化差异的挑战，这些差异可能给新迁移人群带来心理上的冲突。若他们能够理解、熟识并认同迁移地文化，就能帮助他们化解前述冲突，从而有利于他们融入迁移地的社会。台胞作为迁移群体中的一个类型也不例外。

当然，台胞与普通的迁移人群不同，他们本就和福建居民同属一个

---

① 陆淑珍、魏万青：《城市外来人口社会融合的结构方程模型——基于珠三角地区的调查》，《人口与经济》2011 年第 5 期。

② Park，R. and E. Burgess：Introduction to the Science of Sociolog. Chicago：University of Chicago Press，1969：735.

民族，多数台胞认同中华文化，不需要如一般迁移者那样在两种差距较大甚至对立的文化中进行选择。但是，台胞与福建居民在语言、行为、教育等方面也存在着细微的文化差异。而台胞对所居住的福建地区居民的价值观与习俗、人群友好程度，当地教育资源、地区总体发展等方面的感知所构成的他们在当地的文化心理融入感知越良好，将越可能加深他们在福建地区的总体社会融合程度。依此提出以下假设：

假设 1：文化心理融入感知对福建台胞总体社会融合有正向影响。

2. 社区保障融入感知

迁移群体抵达移居地初期，往往通过族群内部的亲戚、朋友、同事等熟人寻找工作、安顿住所①，这些人群构成了他们的初始社会关系网络。随着时间推移，迁移群体与所居住社区的本地居民的沟通与融合程度渐增，当其将自身生存发展的关系网络建立在与本地群体良好的交往和互动基础之上时，方实现高度的社会融合。

台胞在大陆的社交圈子中多是台湾人，初来大陆，哪怕与大陆人毗邻而居，也难以深入交往。对此时的台胞而言，迁移仅是居住地点的改变，在大陆他们只谈工作不谈生活，并没有真正融入当地社会。当台胞在本地社区的参与程度增加，通过社区活动、业务交往、参与当地社会组织从而熟悉本地人时，朋友社交圈子才能不再仅仅局限于台湾人，才是真正融入当地社会。

台胞对移居地社区配套设施与服务情况的感知、对当地社区与各组织活动的参与意愿以及在当地所感受到的社会保护与保障情况都构成了台胞的社区保障融入感知。若对所居住的社区提供的配套设施与服务不满意，会极大地降低台胞的社会参与度，而偏弱的社会参与度可能导致较高的社会排斥并影响本地社交网络的建立。并且，一个全面的社会保障体系通过提供各种安全庇护、各类社会保险保护迁移群体，能够降低他们的风险感知。如果台胞在社区生活中遇到困难，或是权益受到侵害时没有得到及时有效的帮助、没有适合的保险来使他们获得生活上的支

① 严志兰：《大陆台商社会关系网络的类型及其建构过程——以在闽台商为例》，《中共福建省委党校学报》2011 年第 2 期。

持，他们就会更加依赖台胞专属的小群体社会网络，加深交往的封闭性，与当地居民的融合则更为困难。

因此，社区生活与保障直接影响了迁移群体在一个地区的适应程度，只有台胞具有良好的社区保障融入感知，才能在当地长期生活并实现良好的社会融合。依此提出以下假设：

假设 2：社区保障融入感知对福建台胞总体社会融合有正向影响。

3. 经济事业融入感知

若说文化心理融入是社会融合最直接的要素，那么经济事业融入便是迁移群体社会融合的基础。从各种经济理论、移民理论对移民现象的理解中，可以看到移民现象反映的是移民群体为改善社会经济地位所做的努力，是一个迁移群体对自身所处地区的社会经济地位的主观意识、评价和感受，是他们对当地经济、权利等各种资源的平等分配程度的内心反映，是他们选择离开或留下的内在标准。① 拥有较为稳定的事业与经济水平，才能使得移民群体有信心与本地居民进行深层次的交往，从而促进其他方面的融合。

相似地，大部分台胞是由于追求工作与投资机会来到大陆发展并移居至此，特别是 2006 年以后福州和厦门正式对台胞开放申办个体户执照，台胞能够在两岸较为自由地通行，通过拼搏获得在商品、信息、服务与技术方面经商的较大成功。② 他们对在大陆地区就业或创业等事业发展的环境、状况的感知以及在大陆地区的经济地位的感知所综合反映的经济事业的融入程度是影响台胞在大陆社会融合程度的最重要因素之一。

一方面，台胞在福建的经济事业发展除了促进两岸资金流、货物流的发展，还在频繁的人员往来之中不断更新对当地人的观念与认知，有

① 张文宏、雷开春：《城市新移民社会认同的结构模型》，《社会学研究》2009 年第 4 期。

② 严志兰：《大陆台商社会适应的共性与差异性——基于福建的田野调查》，《福州大学学报（哲学社会科学版）》2012 年第 3 期。

助于台胞对大陆的了解和对中华民族与文化的进一步认同。[①] 因此，在经济往来与交流中若能建立起互相信任与依赖的关系，有利于增强台胞对福建当地民众的认同感和亲近感，促进台胞的文化心理融入感知。

另一方面，如果台胞感受到的福建就业环境或者创业投资条件良好，他们就会延长在当地的生产经营活动的时间，而与当地社会的关系网络亦会在工作关系的基础上拓展开来，[②] 此时他们的生活重心慢慢转移到居住社区，与当地人逐渐加强的事业与情感联系有助于台胞增加对居住地的认同并形成良好的本地社区融入感知，从而促进其在福建的社会融合。

综上所述，经济事业融入感知将作用于文化心理与社区保障融入感知，从而影响大陆台胞社会融合程度。依此提出以下两个假设：

假设 3：经济事业融入感知对福建台胞文化心理融入有正向影响。

假设 4：经济事业融入感知对福建台胞社区保障融入有正向影响。

4. 政治政策融入感知

在众多的迁移群体社会融合问题研究中，政治因素并不被视为一个非常重要的影响要素，但两岸的政治关系极为特殊，因此政治因素在移居大陆台胞的社会融合中也起着重要影响作用。

目前大部分福建台胞能够逐渐包容两岸在政治制度与理念上的重大差别，在与大陆居民沟通时保持平和心态，因此对他们产生直接政治政策融入感知冲击的并非宏观层面的两岸在政治体制等高阶政治领域的交流和对接等问题，更多的是对两岸政治协商之下的对台惠民政策种类及政策实施情况与公共服务的提供情况。

一方面，部分台胞由于事业原因，经常需要与大陆海关、税务、工商等多个与台商企业运作高度相关的政府单位打交道，[③] 因此政治环境与政策是否有利于他们在大陆地区的就业与创业，影响了他们对自身经

① 严志兰：《台湾民众认同问题的历史与现实——以大陆台商社会认同的实证研究为例》，《东南学术》2014 年第 1 期。

② 同注①。

③ 严志兰：《大陆台商社会适应的共性与差异性——基于福建的田野调查》，《福州大学学报（哲学社会科学版）》2012 年第 3 期。

济事业前景的预期。可见，政治政策融入感知对经济事业融入感知有影响。

另一方面，移居大陆的台胞能够直接感受大陆的政治制度与政策环境，当他们了解到大陆的政治和社会制度并不像岛内舆论报道和书上所描述的那样消极，有可能促使他们更加深入地思考大陆制度的合理性，从而缩小他们与本地居民的政治认知差异。加上若政府提供的公共服务水平与保障条件良好，会减少他们对本地居民的隔离感，提升他们参与当地社区、社会组织与活动的积极性。可见，政治政策融入感知对社区保障融入感知有影响。

因此，政治政策融入是经济事业融入和社区保障融入的驱动力，其作用于经济事业与社区保障融入，从而影响社会融合程度。依此提出以下两个假设：

假设 5：政治政策融入感知对福建台胞经济事业融入有正向影响。

假设 6：政治政策融入感知对福建台胞社区保障融入有正向影响。

（二）福建台胞社会融合模型

根据以上分析与假设，构建出福建台胞社会融合模型（如图 4-1 所示）。可以看出，福建台胞社会融合的结构具有层次性，总体社会融合程度是最终指向，受台胞在福建的文化心理融入与社区保障融入感知直接影响，而经济事业融入与政治政策融入感知是台胞在大陆生活的主观感受，前者影响着他们在福建的社区保障融入与文化心理融入感知，后者影响经济事业融入与社区保障融入感知，从而间接地对福建台胞总体社会融合程度产生一定的影响。

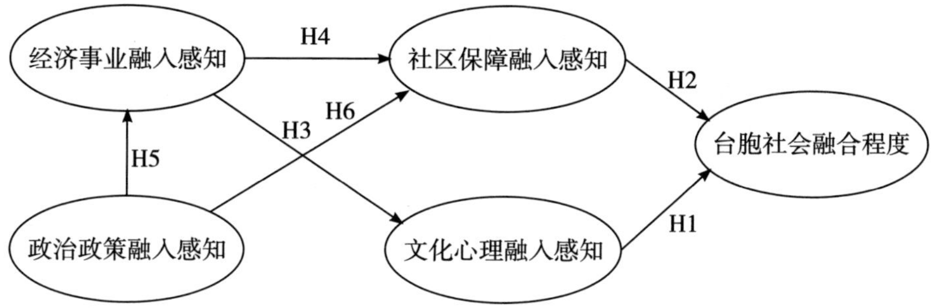

图 4-1　福建台胞社会融合模型

二、量表设计与数据采集

（一）量表设计

以上的潜在变量是不可直接观测的，须由若干测量变量推估出来。但当前的文献中尚未见到权威的台胞社会融合量表，仅有的相关研究见严志兰（2014）在“台湾民众认同问题”文献中设计的大陆台商社会认同的调查表，[①] 但没有形成规范的量表。而其他研究所得到的社会融合量表与指标体系多数是针对一般流动人口的设计，如针对流动人口的社会融合量表最为权威的是欧盟 2007 年提出的欧盟移民整合指数中的“欧盟社会融合指标”，但其针对的是跨国家层面的社会融合指标体系，所提出的低收入率、辍学人数、失业人数、长期失业率等 18 个指标对于特殊跨境迁移的台胞群体不完全适用。国内学者也做了较多的类似设计，如张文宏和雷开春（2008）设计的流动人口社会融合的内涵指标等[②]，对本书也不直接适用。

虽然以上指标体系与量表在福建台胞社会融合的测量上不能直接使用，但是能够提取出相关的题项来测量台胞在文化心理、社区保障、经济事业等方面的融入感知及其社会总体融合程度。另外，根据大量的文献阅读与专家访谈，本书总结了大陆台胞对于政治政策敏感性与需求这一社会融合的特殊性，并设计了与政治政策融入感知相关的题项，这几个部分的题项构成了量表的主体内容，是前文提及的潜在变量的直接观测题项。将这些直接观测题项作为测量变量，会导致结构方程模型过于庞大。根据结构方程模型变量聚合的思路，本书将直接观测题项以求均值的方式聚合成为若干间接观测变量，作为最后放入模型的测量变量(见表 4-2)。表中题项均采用李克特五级量表的提问方式，并以 1～5 分代表感知程度从低级到高级的变化。量表中的题项加上另外设计的人口统计特征题项共同形成本书的调查问卷。问卷的人口统计特征包括性

① 严志兰：《台湾民众认同问题的历史与现实——以大陆台商社会认同的实证研究为例》，《东南学术》2014 年第 1 期。

② 张文宏、雷开春：《城市新移民社会认同的结构模型》，《社会学研究》2009 年第 4 期。

别、年龄、学历、台湾居住地、月收入、职业、来闽时间、配偶所属地区等。

表 4-2 福建台胞社会融合量表

潜在变量	测量变量（间接观测变量，由对应的直接观测题项求均值得到）	直接观测题项（问卷题目）
文化心理融入感知	习俗融合	对福建本地习俗的熟悉程度；对福建本地习俗的总体认同程度；对福建本地人的语言沟通障碍情况
	教育认同	对福建地区教育资源与条件的评价；是否愿意让子女到福建读书
	心理融合	福建人对台胞的总体态度；对福建地区的总体感受
社区保障融入感知	社区服务	福建居住社区满足需求的程度；福建居住社区设施与服务内容的全面性；对福建居住社区服务人员的态度的满意程度
	社区参与	福建当地休闲设施满足需求程度；与福建人共同居住一个社区中的意愿；参加福建的社会组织的意愿
	社会保障	对福建各项社会保险重要性的感知；对福建所提供的对台社会保护、救助措施的满意程度
经济事业融入感知	就业情况	对福建的总体就业环境的满意程度；台湾学历、职业资格与经验在福建被认同的程度；去福建人开办企业工作的意愿
	创业环境	对福建投资环境的评价；在福建创业的意愿；台资企业能在福建招聘到合适职员的可能性评估
	经济状况	自身收入水平与当地居民的相比情况；自身消费水平与当地居民的相比情况；在福建买房的意愿

续表

潜在变量	测量变量（间接观测变量，由对应的直接观测题项求均值得到）	直接观测题项（问卷题目）
政治政策融入感知	政策环境	对福建政策环境的宽松情况评价；对现有政策是否有利台胞发展的评价
	政府管理	对福建政府机关办事制度的熟悉程度；对福建政府部门办事流程的便捷性评价
	政府服务	对福建政府部门对台胞的态度评价；对福建政府部门人员的办事效率的评价
台胞总体社会融合	总体融入感知	对在福建地区的总体融入感知评价
	总体融入意愿	由社会距离量表得出总体融入意愿

首先，课题组成员对量表转化的初始问卷进行反复讨论，保证问卷问题的严谨性。其后，由两岸融合相关领域的专家检验测量变量定义与设计的合理性，对题项进行了修改。最后，进行小规模预调查，根据被调查者的反馈建议，对问卷做了最后的修正。

（二）数据收集

课题组与福建省各地市台办合作，将问卷发放至福州台办、厦门台办、漳州台办、泉州台办、莆田台办、龙岩台办、平潭台工部等部门，对当地台胞进行了随机问卷访问。总共发放问卷 280 份，对于不合格问卷进行剔除，得到有效问卷 262 份，问卷有效率为 93.6%。

（三）受访者情况描述统计

受访者基本特征如表 4-3 所示。

表 4-3　受访者基本信息描述统计

信息	变量类别	比例(%)	信息	变量类别	比例(%)	信息	变量类别	比例(%)
性别	男	77.1	来闽时间	10 年及以上	4.6	来自台湾的哪个市(县)	高雄	10.7
	女	22.9		6～9 年	14.5		花莲	1.5
年龄	20 岁及以下	1.1		3～5 年	28.6		基隆	1.5
	21～30 岁	16.8		1～2 年	22.1		嘉义	4.2
	31～40 岁	22.1		不到 1 年	30.2		金门	0.8
	41～50 岁	27.5	来闽发展情况	独自一人来闽	28.6		苗栗	1.9
	51 岁及以上	32.4		全家来闽	36.3		南投	3.5
月收入	3000 元以下	2.3		与朋友来闽	26.0		澎湖	0.8
	3001～5000 元	14.9		其他	9.2		膨化	0.8
	5001～8000 元	27.1	在闽人际交往情况	非常广泛	9.2		屏东	2.3
	8001～12000 元	25.2		比较广泛	44.7		台北	24.0
	12001 元及以上	30.5		一般	39.7		台东	0.8
学历	高中及以下	13.4		比较不广泛	5.3		台南	6.5
	大专	32.4		非常不广泛	1.1		台中	18.3
	本科	48.5	职层	基层员工	15.3		桃园	6.1
	研究生及以上	5.7		中层管理者	35.1		乌日	0.4
职业	台商企业老板	30.5		高层管理者	49.6		新北	4.2
	台商企业雇员	53.1	配偶是否大陆台胞	是	24.4		新竹	3.4
	大陆企业雇员	11.1		否	73.7		宜兰	1.5
	自由职业者	5.3		无配偶	1.9		云林	1.5
							彰化	2.3

利用 SPSS17.0、AMOS18.0 软件对数据进行录入和分析。从受访表 4-3 可以看出：来闽台胞中，男性占绝对多数，女性较少；各个年龄层分布较为均衡，51 岁及以上的达 32.4%，占多数；从月收入分布可以看出，台胞的收入较福建地区的平均收入水平偏高，其中 12001 元及以上的高收入群体占到 30.5%；从学历分布可以看出，来闽台胞大部分具有较高的文化水平；职业和职层的分布说明创业的台胞、与台资企

业共同来闽的台胞占了绝大多数，并且多数是中高层管理者；80.9%的台胞来闽发展时间在5年以内，这与发放调查问卷前几年福建的对台政策有关；台胞原籍覆盖台湾的大部分市（县），以台北与台中的台胞居多。

三、实证分析与结果讨论

以下在对测量模型进行评估的基础上，对提出的研究假设进行逐一检验，进而得出相应的研究结果。

（一）测量模型评估

1. 量表的信度检验

以克隆巴赫系数检验量表的信度，该系数越大，表示量表内部一致性程度越高。使用软件SPSS17.0对数据进行分析，输出量表的克隆巴赫系数为0.916，反映本研究量表具有高度的稳定性与一致性，总体信度非常好。

2. 量表的效度检验

Hair等人（2006）认为，一个足够大的因子载荷，代表题项具有良好的聚敛效度，[①] 因此本书采用观测变量的因子载荷作为结构效度的检验工具，能够检测实验与理论的一致性。鉴于社会科学研究领域态度测量范围广不易聚焦、构念不易界定的特性，Tabachnica和Fidell（2007）提出因素载荷的标准，认为当因素载荷大于0.55时为良好，小于0.32为不好。[②] 使用软件AMOS18.0对数据进行一阶验证性因子分析，模型的五大潜在变量的测量变量的因子载荷中，除了最小的“经济状况”为0.49、“习俗融合”为0.493，略低于良好水平0.55，其他测量变量的因子值都超过0.55，最大的“政府服务”为0.84。总体而言，模型量表的结构效度较好，通过了结构效度检验。

（二）测量模型拟合与修正

将数据输入初始构建的模型中，得到的一阶验证性因子分析

---

① 邱皓政、李碧芳：《结构方程模型的原理与应用》，中国轻工业出版社2012年版，第101页。

② 同注①。

(CFA)的拟合指标结果见表4-4。从表中可以看到，未经修正的初始模型，CMIN/DF值与RMSEA值略高于拟合标准，GFI与NFI值略低于拟合标准，尚未达到最理想水平，说明模型有一定的改进空间。

参考AMOS软件输出的模型修正Modification Indices输出项M. I.值，可以看到“政策环境与创业环境”“经济状况与习俗融合”“政府服务与习俗融合”以及“社会保障与社区参与”这四对变量之间的残差相关M. I.值都超过10，因此，需要考虑它们之间的残差相关。因为模型修正除了以拟合指数参考，还需要考虑理论上的合理性：“政策环境与创业环境”残差的相关可以解释为，若台胞感知政策环境有利于他们在福建发展，则他们对福建的创业环境的感知就较为良好；“经济状况与习俗融合”的残差相关可以理解为，若台胞感知到他们自身的经济地位较为良好，他们在与当地人的交往中会更为自信、更愿意融入福建本地的文化习俗；“政府服务与习俗融合”的残差相关可以理解为，当台胞感知到友好的政府部门服务态度与便捷的办事效率时，他们与本地人之间的沟通障碍将降低，提高他们融入本地的意愿；“社会保障与社区参与”的残差相关可以解释为，若台胞对在福建地区感受到的社会保障制度较为满意，则他们对居住社区的居民的隔离感会降低，参与当地社区的各项组织与活动的意愿就较高。以上分析在理论上是合理的，因此增加以上四项残差之间的相关是有意义的。

当增加这几项修正后，拟合各项指数均达到拟合标准（见表4-4），且所有的参数值估计都达到显著水平，表明修正后的测量模型有效。

表4-4 模型拟合指标值

拟合指标	CMIN	CMIN/DF	RMR	RMSEA	GFI	NFI	CFI
拟合标准		1＜CMIN/DF＜3	＜0.05	＜0.08	＞0.9	＞0.9	＞0.9
初始模型CFA拟合指标值	219.793	3.28	0.022	0.093	0.891	0.883	0.914
修正后的CFA拟合指标值	133.378	2.117	0.019	0.065	0.933	0.929	0.960
SEM路径分析拟合指标值	139.355	2.080	0.02	0.064	0.929	0.926	0.959

（三）研究假设检验

根据 CFA 分析后调整的模型，通过结构方程模型（SEM）对福建台胞社会融合模型的内部结构关系假设进行路径分析与实证检验，模型的拟合度指标如表 4-4 所示，其中 CMIN/DF＝2.08，RMR＝0.02，RMSEA＝0.064，GFI＝0.929，NFI＝0.926，CFI＝0.959，表明拟合效果很理想，充分说明研究模型与样本数据整体的拟合效果良好，可以用于假设检验，得到模型的路径系数见表 4-5，模型图示见图 4-2。表 4-5 列出了各变量之间的估计关系与统计显著水平，图 4-2 中所显示的路径系数是标准化后的回归系数。

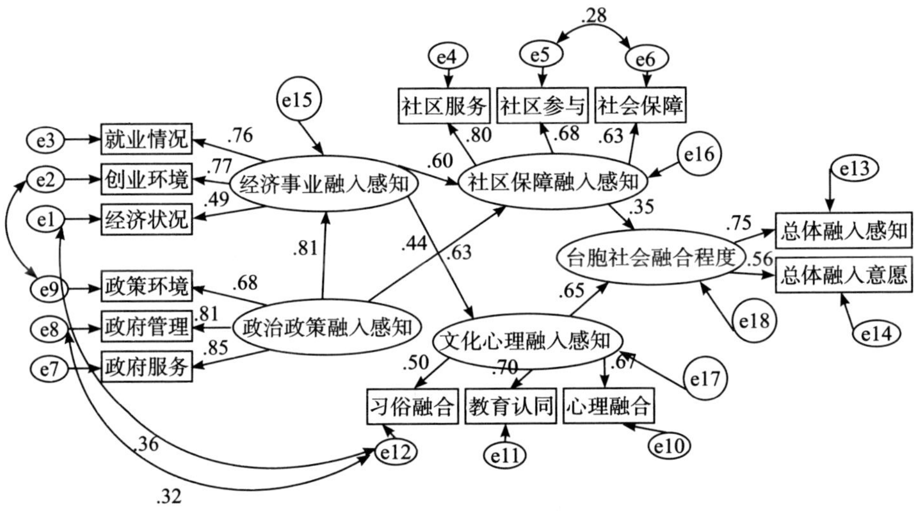

图 4-2　福建台胞社会融合模型结构与路径系数

从图 4-2、表 4-5 可以看出：

第一，文化心理融入感知对福建台胞社会融合的路径系数为 0.648（P＝0.003＜0.05），所以假设 1 得到验证，即文化心理融入感知对福建台胞总体社会融合有显著正向影响。

第二，社区保障融入感知对福建台胞社会融合的路径系数为 0.346（P＝0.082），此处 P 值虽然接近显著水平线 0.05，但仍说明社区保障融入感知对福建台胞社会融合的正向影响并不十分显著。我们分析，这里主要的原因在于：大部分台胞目前在福建聚集而居，他们的社交圈子

表 4-5 变量之间的估计关系与统计显著水平

			Estimate	Standardized Regression Weights	S. E	C. R.	P
经济事业融入感知	<---	政治政策融入感知	0.809	0.811	0.086	9.450	***
社区保障融入感知	<---	经济事业融入感知	0.688	0.604	0.122	5.636	***
文化心理融入感知	<---	经济事业融入感知	0.547	0.927	0.074	7.441	***
社区保障融入感知	<---	政治政策融入感知	0.500	0.440	0.120	4.171	***
总体融合程度	<---	社区保障融入感知	0.363	0.346	0.209	1.737	0.082
总体融合程度	<---	文化心理融入感知	1.313	0.648	0.447	2.938	0.003
经济状况	<---	经济事业融入感知	0.542	0.488	0.071	7.642	***
创业环境	<---	经济事业融入感知	1.045	0.773	0.083	12.570	***
就业情况	<---	经济事业融入感知	1.000	0.764			
社区服务	<---	社区保障融入感知	1.000	0.801			
社区参与	<---	社区保障融入感知	0.814	0.683	0.069	11.735	***
社会保障	<---	社区保障融入感知	0.850	0.631	0.080	10.663	***
政府服务	<---	政治政策融入感知	1.295	0.849	0.110	11.800	***
政府管理	<---	政治政策融入感知	1.360	0.812	0.119	11.436	***
政策环境	<---	政治政策融入感知	1.000	0.679			
教育认同	<---	文化心理融入感知	2.185	0.791	0.280	7.800	***
习俗融合	<---	文化心理融入感知	1.000	0.501			
总体融入感知	<---	总体融合程度	1.000	0.751			
总体融入意愿	<---	总体融合程度	0.784	0.560	0.091	8.586	***
心理融合	<---	文化心理融入感知	1.251	0.609	0.181	6.892	***

注：本表由 AMOS18.0 统计所得。*** 表示 $p<0.001$.

中主要是台胞，且大陆的各项社会保障并不能覆盖到他们，因此他们对于社区的各项活动的参与度较低，对于大陆的各项保障的感知较弱也并不重视。虽然不十分显著，但鉴于社区保障的融入对台胞的总体社会融合也是起到重要作用的，仍需要在这个方面给予关注。

第三，经济事业融入感知对台胞文化心理融入感知和社区保障融入感知的路径系数分别为0.927（P＜0.001）和0.604（P＜0.001），所以假设3与假设4得到验证。实证表明：经济事业融入感知越良好的台胞，倾向于更强的文化心理认同与社区保障融入。并且，根据前述，文化心理融入感知对总体社会融合有显著的直接效应（0.648，P＝0.003），经济事业融入感知与总体社会融合程度之间有文化心理融入感知的中介效应，值为0.927＊0.648＝0.601，代表每一标准差单位的"经济事业融入感知"和"文化心理融入感知"两个变量的变动，对总体社会融合程度造成的变动量为0.601，间接效应显著。

第四，政治政策融入感知对经济事业融入感知和社区保障融入感知的路径系数分别为0.811（P＜0.001）与0.440（P＜0.001），所以假设5与假设6得到验证，即政治政策融入感知对经济事业与社区保障融入感知有正向显著影响。并且，根据前述，经济事业融入感知通过文化心理融入感知中介，对总体社会融合程度的间接效应为0.601，因此政治政策融入感知通过经济事业融入感知中介，对总体社会融合的间接效应为0.811＊0.601＝0.487，间接效应显著。

四、对推进两岸融合发展的启示

（一）相关研究结论及其启示

通过构建福建台胞的社会融合模型，探索影响台胞社会融合的潜在变量及其之间的相互影响关系路径，对所提出的假设通过结构方程的实证分析进行了验证。研究表明，台胞在福建的政治政策融入感知作用于经济事业与社区保障融入感知，从而影响台胞的社会融合程度，因此要改善政治政策融入环境，减少台胞融入障碍；台胞在经济事业方面的融入感知作用于文化心理与社区保障融入感知，从而影响总体社会融合程度，因此要通过优化台胞经济事业融入条件，增强其融入意愿；由于台胞聚居社交的特殊性，社区保障融入感知对台胞总体社会融合有正向影响，但并不十分显著，因此要深化其社区保障融入感知，重塑台胞的社会关系网络；台胞的文化心理融入感知对其总体社会融合有直接、显著的正向影响，因此要巩固文化心理融入感知，提升台胞的身份认同。

研究得到进一步的启示：福建台胞社会融合的部分影响因素存在细化与进一步深化的可能。从文化心理、社区保障、经济事业与政治政策四个维度去探索台胞社会融合结构是一个有意义的视角，但从更深层次的心理层面的作用因素去探索也是有待研究的新视角。

在本书的研究基础上，可以进一步形成两岸融合理论体系，向习近平总书记所说的“你中有我，我中有你”局面发展，为两岸深度融合、祖国和平统一探索新思路。

（二）推进闽台融合发展的对策建议

根据前文实证结论，可推衍出以下推进在闽台胞的社会融入对策建议，这对平潭两岸同胞融合具有重要启示意义。

1. 改善政治政策融入环境，减少台胞融入障碍

大部分台胞是因两岸交流中的惠台政策来闽创业，或跟随台商老板来闽工作，在一系列生产生活问题上，如商业中的行政审批、税务、劳工政策等都需要与当地政府发生互动，因此政府公共部门创造的良好的政治政策环境，能够在第一时间向他们传递友好信息，减少他们的社会融合障碍。营造良好的政治政策环境可以从以下几点着手：

第一，政府部门应制定较为宽松的惠台政策并落到实处。目前惠台政策在各个领域都有了一定的覆盖，但仍应注意定期根据台胞需求适当新增与调整政策。同时，应注意各项惠台政策的有效落实，如对于台商群体，应保证其与当地商人共享平等竞争机制，避免地方保护主义减弱政策的实效性。

第二，政府部门应改善公共服务模式并提升服务水平。一方面，由于台胞对大陆的行政制度还有个熟悉的过程，因此在对台胞进行必要的宣传普及的同时，应积极探索政府行政制度改革，以规范的行政服务模式、良好的行政办事效率，为台胞提供最大的办事便利。例如合理利用

网络电子信息交换共享平台，实现政府各个部门的横向联通，大幅度减少行政事务审批项目，缩短审批时限；适时建立开通台胞网上“直通车”办事渠道和专门网站，简化办理程序。另一方面，应不断提升服务意识，对于台胞所提出的政策咨询，以友好、专业的态度予以及时回复，提升台胞的社会接纳感知。

2. 优化经济事业融入条件，增强台胞融入意愿

根据交往主义理论，当人们在交往中获益大于损失时，人们就会喜欢这些交往，随着相互交往的增加，人们就可能逐渐形成共同体或集团意识。两岸交流初期，务实的惠台政策确实令台胞受益匪浅，有助于他们获得经济事业上的成功。台商也为福建当地经济的发展做出了贡献。二者共同利益的不断强化，引发台胞来大陆的惯性力量与凝聚力，两岸的凝聚与交流促进了台胞在大陆的社会融合。但是随着大陆社会的发展，台胞特别是台商感受到的竞争压力逐渐加大，加之面对各级政府与商人时，内心或有对交往和政策稳定性的不信任，台胞的不安全感渐增，将大大降低台胞的社会融入意愿。因此需要在以下方面优化台胞的经济事业融入感知：

第一，为台胞创造良好的就业与创业环境。除前文提到的应保障相关惠台经济政策的有效落实之外，还应不断改善基础设施，提高台胞长期投资的意愿；同时通过访谈等调研形式，定期与台胞进行沟通，听取他们对福建投资环境建设的意见和建议；请他们列席旁听每年的重大协商会议，让其充分了解福建的发展前景，以真诚平等的态度消除台胞在就业与创业方面的顾虑。

第二，在经济往来与交流中建立起互相信任与依赖的关系。面对大陆日益提升的国际经济地位，台胞的潜在优势感在逐渐下降，他们特别是二代台胞能渐渐习惯大陆同胞的较高收入和消费能力，用平衡的心态面对大陆同胞的学习、工作能力以及大陆商家在产业链中的优势地位，因此由竞争压力带来的不安全感在逐渐降低。但台胞的“不信任”心理带来的不安全感不会随时间自然减弱，应采取适当的措施来帮助消除。一方面，要建立起具有保护效应的台胞商业法律法规，使其与大陆商家在供货、加工、代理与承销中放心交往。另一方面，要帮助台胞充分了

解福建居民的文化消费习惯，在当地建立适合的经营理念和方式，使他们的经营具有可持续性。通过在不断增加的经济往来与交流互动中不断加深了解，建立起互相信任的关系，弱化台胞对大陆的偏见与刻板印象。

3. 深化社区保障融入感知，重塑台胞的社会关系网络

台胞的社区保障融入感知对总体社会融合的正向影响不显著，是因为很大一部分台胞的社交圈集中于台胞群体之内，独立于当地社区居民之外，与当地人的关系也只能停留在互不理解的隔离状态。需要从以下方面做出改善：

第一，不断提升台胞居住社区的服务水平。首先，应通过深入的调查了解台胞对居住社区的基本需求，不断拓展社区所提供的服务内容的广度与深度，例如构建有序的社区管理体制，形成良好的社区风尚，完善社区的服务功能（如社区卫生、医疗及教育的服务和咨询，以及代收快递等相关的便民服务）与休闲功能（如台胞所需要的各种文娱活动、健身场所）。其次，提高社区服务人员的服务意识，使台胞感受到社区中大陆本地居民的友邻关系，为台胞反映诉求建立畅通的渠道，使他们在生活与居住上的满意程度不断提高。再次，提升台胞的社区活动参与程度。台胞对慈善乐捐、义工服务等活动较为热忱，可以为他们提供各种参与平台，支持他们深度参与到社区的公共事务与公益事业之中，使台胞能和当地居民共享社区内的利益并共担社区内的责任，同时适时开展丰富的联谊交流活动，如餐会、出游、讲座等。以上措施能够帮助台胞减少对当地居民的分化与相互隔离意识，增进对当地居民的了解与情感的交流，参与福建本地各种组织与活动的意愿不断增强，从而走出较为狭隘封闭的台湾关系网，与大陆当地居民建立良好的社会关系网络。

第二，扩大台胞享受大陆地区社会保障的范围。调查发现，仅有部分台胞参加福建地区的医疗、养老、工伤等社会保险，有43.1%的台胞没有任何本地社会保险，这与他们在大陆地区就业的特殊性有关（本书的调研数据表明，多达35.8%的台胞为台商与自由职业者，仅有11.1%的台胞在大陆企业工作）。当地政府管理者应积极探索对台胞提供和出台便捷、完善的保险办理方案，增强台胞社会保险的覆盖范围，

鼓励除了用人单位给予台湾劳动者基本保障待遇外，其他自由职业者、台商、台商家属也能够较为便捷地获得“五险一金”等社会保障。通过提供各类社会保险与安全庇护手段，减少台胞的迁移风险感知，解除他们在大陆长期生活的后顾之忧，渐渐习惯与本社区居民相融的社会生活模式，将有利于他们跳出台湾关系网的“小圈子”，进入本地生活的“大圈子”。

4. 巩固文化心理融入感知，提升台胞的身份认同

虽然台胞在福建地区的社会融合受制于多种因素，是一个表现多样的复杂过程，但研究表明文化心理融入是最直接、影响最显著的因素，台胞的文化心理融入度越高，他们在福建的社会融合感知与融入意愿就越强。

台胞与福建居民在语言、习俗等方面相近，福建各地区要不断强化两岸熟悉的文化与习俗，培育本地居民的良好文化素养，不断缩小两个群体间尚存的细微文化差异，强化台胞的身份认同与被接纳感知，促使二者和谐相处并融为一个整体。

第一，促进台胞与福建本地居民的文化交流。一方面，在整个社会层面弘扬中华优秀传统文化。台湾地区历来注重中华民族文化传承，而传统中华文化的根在大陆，弘扬与发展两岸共有的中华文化，让一代又一代的两岸人民有着一致的民族情结与文化归属认知，这是深化台胞与本地居民的社会融合的核心力量。另一方面，在文化的具体表达形式中，如在宗教、影视、科技、艺术、新闻、出版等领域，实现广泛交流与对接，让台胞对大陆的人文环境的亲近感与认同感日益牢固。

第二，提升福建本地居民的文化素养。在文化行为中，台胞更倾向于轻声细语的说话方式，有着更为讲究的卫生与文明行为习惯，隐性的文化优越感可能会使得台胞产生心理隔离，为此，应注重加强福建本地居民的素质教育，摒弃各种陋习，建立卫生、环保、生态、和谐的城市文明，提升福建本地居民的文化素养，用更高的城市人文内涵促进台胞的心理融合与身份认同。

第三，不断提升台胞对福建教育资源的认同感并鼓励其子女在福建就学。一方面，扩大福建优质资源对台胞开放的范围，允许台胞与当地

居民拥有同等公平选择声誉、教学质量优良的学校的权利，并为台胞子女建立畅通的升学渠道。另一方面，加大福建地区对台教育资源的投入以及各项配套服务，满足台胞对追求高品质教育的需求，良好的教育资源和就学环境会吸引他们在大陆长期定居，引致深度的社会融合。

第三节 基于专家访谈方法的平潭两岸融合发展研究

在前述在闽台胞社会融入实证分析的基础上，本节以专家访谈为主线，结合质性分析的扎根理论方法（Grounded Theory，GT），通过与对台胞融入及平潭综合实验区现状都较为了解的两岸8位专家进行深度访谈，经由逐字稿整理、开放式编码、主轴编码、选择性编码等步骤，对平潭台胞社会融入吸引路径进行实证研究。[①]

一、研究方法与数据采集

目前，学界尚无界定清晰的变量范畴及量表可供台胞社会融入路径研究之用，因此本节通过深度访谈方式，运用扎根理论质性研究方法，对该路径的影响因素与实现方法进行探索性的研究。

扎根理论是由美国社会学家格拉泽和施特劳斯于1967年提出的，是自下而上建构实质理论的一种实证方法。该方法强调研究对象可以是“解释性”真实，这种真实也许并不完全客观，但对于理解人类行为具有重要意义。[②] 本节运用扎根理论，就平潭综合实验区的台胞社会融入路径的模式进行探索性分析，通过与对台胞社会融入及平潭综合实验区现状都较为了解的台湾与大陆专家进行深度访谈，整理成为文本资料并进行开放式编码、主轴编码、选择性编码等步骤来构建台胞融入吸引路径模式。访谈对象信息见表4-6。

---

① 课题组根据本部分研究成果撰写论文并发表，参见蒋依娴、施伟：《平潭综合实验区吸引台胞融入路径研究》，《福建行政学院学报》2018年第5期。

② 王璐、高鹏：《扎根理论及其在管理学研究中的应用问题探讨》，《外国经济与管理》2010年第12期。

表 4-6　访谈对象的基本情况

编号	参与人	职业	来源地区
P1	耿先生	台湾博士/大陆大学教授	台湾
P2	林女士	台湾商业机构调研专员	台湾
P3	马先生	台湾公共管理部门	台湾
P4	林先生	台湾博士/大陆高校教师	台湾
P5	罗先生	两岸融合研究专家	福建
P6	王先生	平潭自贸区研究专家	福建
P7	祖女士	大陆对台研究专家	福建
P8	施女士	大陆对台研究专家	福建

课题组与以上对象的访谈采用面对面、无结构、一对一的深入对话的方式，通过不断追问、不断引发思考、再不断追问的深度访谈，获取受访者对研究主题的深层次的感知、态度与想法，从而获得翔实的一手资料。在征得受访者同意的情况下对访谈进行录音，通过整理录音资料，形成了访谈的逐字稿。课题组对其中前 2/3 的访谈记录进行编码分析和路径模式建构，其余 1/3 的访谈记录则留作理论饱和度检验。资料分析过程中采用持续比较的分析思路，不断提炼和修正理论，直至新提取的资料不再对理论建构有新贡献，即达到理论饱和。

调研过程中也结合了政策新闻、期刊文献等二手资料的查询与整理，这些都构成了对编码及台胞社会融入吸引路径模式思考的基础。

二、基于专家访谈方法的研究模式构建

基于专家深度访谈，结合扎根理论编码方法，以下对实证分析过程与研究模式构建方法进行阐述。

（一）开放式编码

开放式编码是一级编码，是通过对原始访谈资料逐字逐句进行编码、标记、录入，以从原始资料中产生初始概念，发现概念范畴。

本节使用受访者的原话作为标签，一共得到将近 1500 条原始语句，从中发掘初始概念。初始概念的数量庞大，通过对其重新分类组合，剔

除重复频次低、存在前后矛盾的初始概念，保留重复频次在 3 次以上的初始概念，形成最终的初始概念列表并进行了范畴化，如表 4-7 所示。(表中的 P1、P2、P3、P4、P5 为受访者的编号以及原话，每句话开头“【】”中的词语为对该原话进行编码得到的初始概念)

表 4-7　开放式编码范畴化

范畴	初始概念及原始语句资料
台胞对岚认知不足	【认知盲区】P2 台湾人不了解平潭，很多人就觉得这（平潭）是个荒岛。 【刻板印象】P3 我有一个学生（23 岁）来大陆学校实习一个月，带来一整个箱子的泡面，说是他妈妈要他带的，说不知道这边有没有。我带他搭校车去永辉超市，他说这里居然有这样的店。
台胞赴岚动机缺失	【认知限制欲望】P2 台湾人对平潭没有特别熟悉，就谈不上有什么好的印象，所以连来（平潭）的欲望都没有。 【缺乏赴岚理由】P3 到目前为止，台湾年轻人的感觉是“我可以不去”，所以“我为什么要去？”
平潭对台传播不足	【对台宣传薄弱】P2 平潭的宣传在台湾很弱，所有政策信息很多人（台胞）都无从得知。 【传播媒介受限】P2 现在主要通过办一些会展，请老师和学生来，找到熟悉两岸的人来牵线，但是其实传播的圈子有限。 【失败案例居多】P2 如果今天有成功的案例（在平潭发展的成功案例），他会很好地帮你做宣传；但是如果失败了（就肯定不会），然而当前失败案例占绝大多数。
平潭自身存在不足	【基础设施】P3 他们觉得，就基础条件来说，平潭还需要时间（才能建设完善）。 【产业基础】P1 平台融合这个问题不好解决。根本原因在于，平潭没有产业基础，它不能做成昆山那样。 【文化弱势】P5 平潭在 2009 年才开始加大建设力度，但是因为它本来基础就弱，虽然投了很多钱在硬件上，但是本身胚子还是农村，和福州厦门等大城市比起来差得很远，现在把它推到这样一个位置上，它就变得很困难，矛盾就更显突出。 【人群基础】P1 现在平潭还没有什么台湾人。 【地理位置】P3 平潭与经济腹地之间没有紧密联结。 【天气因素】P4 不会考虑定居，因为冬天的风沙太大了。 【交通因素】P4 “海峡号”的船并不好坐，因为天气不好，晕船情况常见。

续表

范畴	初始概念及原始语句资料
不同群体动机差异	【两代台胞差异】P1 年轻人所接触到的台湾的环境，和福建目前的环境其实是有区别的，我们（年长者）成长习惯的台湾的环境其实是和现在的福建非常接近。 【青年台胞特点】P1 学生们是出来打工赚钱的吗？不是，是出来看世界的。你要站在他们的视角来看问题。 【中年台胞特点】P1 这个条件可以接受，只要有钱赚，辛苦一点、牺牲一些是可以的。
潜在赴岚台胞特征	【年龄：年轻台胞】P2 这个人群（一代二代台胞）本身就对这里的环境非常熟悉，已经决定长久在这里了，不是你们想要从台湾社会吸引过来、增进两岸融合的这一批人，年轻人才是。 【阶层：中高阶层】P2 真正底层的农民或工人没有这野心、也没有这渠道、也没有这想法、也没有这能力。你说他们来这边做什么？和当地的阿姨竞争吗？竞争不过！这些人出不来，来了也没办法做什么。所以那些人是过不来的，你无法吸引到这些基层的人，这些基层的人也不是你们要吸引的对象。台湾人来到平潭的，基本上都是中上阶层的。
事业发展需求	【打拼型事业导向】P5 年轻台胞有自己的追求，不是来逛逛玩玩的，会来，多少还是有点拼劲的。 【猎奇型求职导向】P1 对于台湾的年轻人，两份工作，一个是打工 2 万元一个月，比较枯燥，另一个是多姿多彩的 1 万元的服务业，他们不会选择前者，他们更宁愿选后者。他们做到 40 岁以后，有孩子有家了，才会想去做 2 万元一个月的那个，所以年轻人的心态、经验、成长环境不一样。他们是社会富裕之后才成长起来的。 【创业风险规避需求】P2 台青想创业，但是不会有人把自己的身家拿来玩玩。所以需要先了解这边的市场，需要实习。
事业发展需求	【自我实现需求】P2 平潭的管委会也有一些台湾人进来。听说薪资很高、条件很好，但是去了之后无用武之地，与其他干部不好沟通，地方干部把他“供”在那里，没有发挥实际作用。 【工作同伴需求】P3 台湾的高阶人士、或者海外回来的人，他们提出来的东西和本土的干部是有落差的，或者说是没有那么快能够实现的。 【创业帮扶需求】P3 台胞进入大陆创业，需要后续的渠道，不管是网络上还是线下。 【事业领域选择：文创】P4 我们擅长的行业，譬如文创产业，应该要提供更多的机会、有工作坊、厂房、工商一条龙，达到拎包入住的条件。 【事业领域选择：跨境电商】P2 商贸方面要多些政策吧。跨境电商这一块，我在平潭接触到两位在这方面做得比较好的，他们也觉得在平潭做这一块比较有优势。平潭先试先行，跨境电商这一块，平潭只要给出政策、给出仓储，你愿意就可以加进来。 【事业领域选择：社区营造】P3 你让台湾的民间组织、社会组织到平潭去试试看，解决平潭的社会问题。已经有一个案例，台湾的一个青年带着全家到北港村开了一个饭店，然后开始在那里进行社区营造，这是台湾的强项。解决当地的老人问题，让当地的产业有一些振兴，虽然效果有限，但是总比原来的好。

续表

范畴	初始概念及原始语句资料
社会生活需求	【生活需求·网络需求】P3 网络是现在年轻人最关心的事情，是首要要求。 【生活需求·网络需求】P2 吸引年轻人来这里生活最简单的就是网络，网络不通就像你从这里出去，微信完全不通，这个对他们的打击是非常大的。台湾人最熟悉的脸书、Line、推特等，完全不能用，我觉得这个是所有年轻人的最大问题。不可能说他们一来，这边也没有人脉，台湾那边也断了联系，他们就很难留下。 【生活需求·生活氛围需求】P2 台湾的年轻人比较喜欢一个“小确幸”的生活，出去走几步就有一个蛮好的咖啡厅，再走几步就有一个不错的书店，那种氛围是他们觉得舒服的，那就需要营造出一个整体氛围，虽然这并不容易。 【生活需求·生活配套需求】P2 生活上的配套对年轻人来说很重要。像我们在上海，你可以比较容易地找到和你的生活方式贴近的小东西，但是平潭没有。他们说整个平潭都没有一家便利店。台商园区中也没有一家便利店。 【生活需求·居住需求】P3 对台胞来说，居住的问题说是优惠力度和预期相比有很大的差距，譬如买房还是有很多限制，补贴也不够，面对那么高的房价，这里的吸引力也会降低。没有办法买房子，留下来的可能性就更小了。 【生活需求·业余娱乐需求】P3 他们（台湾青年）跟我说：“老师，我不会在这边待下来，因为没有夜生活。工作回来后不知道去哪儿，根本不好玩。我宁可去上海、去深圳，那里热闹、好玩。” 【社会保障需求·司法与医疗】P3 一个台湾朋友从昆山台商学校回去台湾了，她本来是可以留下来的，在待在那里一年的时间中已经有人找她开培训学校了，但是她觉得医疗方面的安全感不好。其实这些问题不见得会碰上，但是她在心里面还是有这样的压力和担忧。 【社会保障需求·食品安全需求】P3 不久前一个台湾朋友，40 几岁的一个妈妈，跟着先生在厦门定居，每半年回去一次台南。每一次回来，连小孩身上的包包都是满的，米、油、洗衣粉，每一次都从台湾背过来。因为婆婆不放心。小孩吃的用的都从台湾带，她自己也会担心食品安全问题。 【社会保障需求·居住安全感】P4 普通的小区感觉不是很安全，而且很多房东不愿意租给台湾人，怕跑人，愿意租的也要价很贵，觉得台湾人不知道行情。 【参与社会治理需求】P3 让台湾人自己来做。譬如食品安全检查，可以给台湾人做。还有就是涉台司法案件的处理（漳州设有专门的法庭，在台湾人碰到纠纷的时候，可以从台湾通行的角度来判定），这样的做法让台胞觉得：“哦，你们是真的有诚意的，玩真的。”“我们是真的在有些地方可以参与治理，而不是被治理、被优惠、被照顾。” 【参与社会治理需求】P3 让他们进来后做一些社会服务，产生一些示范效果，让台湾组织过来将社区再造、社区治理实践在大陆落地看看。平潭也需要一些社区的改造，实现一定的社区自治、公共事务自我管理。

续表

范畴	初始概念及原始语句资料
政治政策需求	【提升政策补贴优势】P2 至于创业，吸引台湾青年来说有点不太现实。第一，资金的问题。如果是奔着补贴而来，那基本上可以不用来，因为补贴就几万元，有的时候核下来要一两年，你根本不知道能不能核得下来。 【保障政策落地效果】P2 现在确实有一些台胞感觉实际运行上遇到了一些问题，跟他当初听到的宣传是不同的，譬如说当初的宣传说来会享有优惠（免费政策、创业优惠等），但来了之后发现并不是这样。 【落实政策实施细则】P2 这可能也是因为台湾和大陆的行政管理模式不太一样，我们（台湾人）会认为一套政策发布出来了，我来，基本上就按照这个政策走，理论上就可以成行了，但是在这边，平潭很多政策出来了，但是实施细则没有出来。 【建立统一诉求渠道】P2 有些政策的实施细则发布了，但却分布在很多不同部门中，譬如人社归人社，工业归工业，甚至在团省委。对台湾人来讲，不可能想到有问题要来找团省委，感觉这是完全不同的分属部门。好像目前还没有一个统一的渠道让他们来了解整体的运作。 【精简行政事务流程】P2 这当中他们花费的人力成本很高，譬如申请执照等文件，有时候要浪费他们太多的时间。 【制定简洁政策用语】P3 办事情的时候填表格有疑难，官员说你自己看，里面都写得很清楚。但是我们不清楚，太复杂。 【提升政策响应速度】P1 在台湾人刚到平潭的短时间内，就应该创造出一种好的制度来帮助他们。
文化心理需求	【语言运用差异】P4 科研项目申请上，措辞、文字的排列组合确实令很多台湾人不适应。 【语言运用差异】P3 譬如我经常和学生说，两句话“十二五建设小康社会”“十三五建成小康社会”，差一个字不一样。大陆很重视差一个字代表的意义，台湾的学生哪里会留意到这个？ 【素质差异】P4 出租车开得飞快，司机很凶，乱摁喇叭，不看路。 【素质差异】P2 譬如去餐厅吃饭，当地人可能骨头随便吐，鞋子随便丢。这种情况，越接触越反感。 【思想差异】P2 同一件事情，和上海的朋友很好沟通，交朋友也蛮好交的，但在这边遇到的一些人，思想观念文化的落差还是比较大一些。 【思想差异】P1 在福建这边，感觉思想上还有比较大的落差，就是比较传统、保守，所以沟通起来会辛苦。 【融合意愿】P1 有一批人，他们既爱大陆也爱台湾，他们会把两岸拉在一起，如果说两岸发生争执或者冲突，这批人就是受害最大的，因此这批人会通过各式各样的方法去游说两岸，不要发生冲突，不要决裂，这是他们的利益所在。

续表

范畴	初始概念及原始语句资料
文化心理需求	【阶层需求】P1 在上海的台湾人，都是年纪在 30 岁左右的年轻人，上不超过 40，下不低于 20，都受过高等教育，和上海的当地人、外来人都能打成一片——我们都坐地铁，上班都有类似的工资，都在外资企业，工作都有点像《杜拉拉升职记》，我们都出过国，都挤地铁，都买不起房子。 【国际化多元化文化需求】P2 像上海这个地方，本地人喜欢，台湾人也喜欢，各国人都喜欢。大家在这边可以各取所需，大家都生活得舒服，因为（上海）是足够国际化、足够开放、足够多元的地方。这种地方，大家知道彼此有不一样，但是却不容易有隔阂。 【就学需求】P1 对中年人而言，孩子要不要过来读书呢？读书的衔接怎么办？平潭有没有国际学校？当时台湾新竹新区成立的时候，同步成立的还有新竹国际双语学校。台湾孩子来上海，读书衔接不了，因为大陆的教育进度比台湾超前很多。 【就学需求】P1 可以请台湾的老师过来，用台湾的教材。
挖掘自身优势	【海岛资源优势】P4 去过平潭两次，很漂亮，有森林公园，是个很棒的海岛。 【政策补贴优势】P1 据我所知，平潭补贴很好，基础设施也很好。 【生活便利优势】P2 台湾那边是生活很方便，出去什么都有，我们人力的东西比较贵，所以像“饿了么”这样的送餐就没有。这边店面没有开得那么密集，但是有其他的东西去补充，包括微信、叫餐、送货、淘宝，这是另外一种便利性，我挺喜欢这种模式的，便利店反而不是第一要紧的了。 【诚意形象优势】P3 最近台湾有一个声音：其实看来看去，台胞才是大陆心头最软的那一块，因为百般对你好，真的很有诚意、很有善意。 【诚意形象优势】P5 台湾人一旦来了，不管是谁，在平潭都是香饽饽。有就业补贴等，不存在受歧视、受排挤现象。 【温泉资源优势】P4 我觉得福建的温泉资源很多，真的是太棒了。现在平潭也有温泉资源了。 【交通便利优势】P4 未来的高铁会经过平潭到台湾，平潭离台湾近，可以经常回家。 【工作前景优势】P4 学术方面，项目机会更多，样本获取便利。 【饮食接近优势】P4 食物和台湾太像了，非常习惯，我曾经在北京学习，就感觉饮食很不习惯。 【台湾商品获取优势】P4 平潭有很多台湾商品，对台进口免税。 【环境稳定优势】P4 台湾的政局不稳，很多便利都掌握在财团手上，没有优惠的配套措施。

续表

范畴	初始概念及原始语句资料
学习标杆城市	【相似的阶层特点引发融合】P2 和上海当地人打成一片就比较容易，因为我当时做过这个研究，像我们学校中海归的、白领的、精英阶层的比较多，我们这群人的背景，或者思想会比较相像，我们聊起来会比较融洽。 【相似的生活习惯引发融合】P2 生活方式和习惯的差异，决定了能不能融合。上海人就是在这方面比较接近，所以就融合得比较好。
差异化定位	【一个让台胞觉得有共同语言的地方】P5 拿出一块对接起来，共同生活，共同管理，这样我们就走近了，就有共同语言了。 【一个让台胞觉得亲切的地方】P1 希望（平潭）成为一个这样的地方，看两岸的老百姓如何去接触、交流、交往，最终打成一片。 【一个更像台湾一点的地方】P3 所以平潭应该这样子：更像台湾一点，让台湾人了解大陆、进入大陆生活前有一个过渡、调整的阶段。
传播目的	【告知优势】P2 要创造工作机会，还有就是要将这些工作机会传达给台湾人知道。 【表达形象】P1 应该通过形象宣传，通过台湾社会来传播一个不一样的形象。 【改变印象】P1 通过经验和口耳相传，可能可以改变刻板印象。
传播方式	【良性口碑传播】P2 如果（台胞）自己是成功的案例，他会很好地帮你做宣传。 【树立典型传播】P4 可以打造一批有代表性的优秀案例，自然能够一传十，十传百。 【专设媒介传播】P2 对接一些专门在脸书、Line 上面行销、设计的，找一些商业公司合作，不以政府的名义，成立一个公司来传播。 【调整宣传用语】P2 要考虑怎么样用台湾年轻人能够接受的语言，譬如说文本如果是很官方的、很制式的、条文性的，这些年轻人根本看不懂，或者无法吸收，所以要做一些比较生动的、活泼一点的（文本）。
构建咨询平台	【权威信息渠道】P2 消息又很纷杂，台湾人也不能鉴别哪些是真的，哪些是假的，要有官方的发布平台。 【信息咨询平台】P2 要建立一个这样的平台：如果（台胞）真的要来，他知道自己到底该咨询谁，该怎样获得完整的信息。 【解读帮扶机构】P2 现实中，台湾年轻人过来遇到了不少政策方面的问题，但遇到了这些问题他们不知道该找谁解决。
提供实习岗位	【台胞实习动机】P3 现在有一些实习生过来了，他们是基于“好奇、旅游、找机会”（的动机）。 【台胞实习动机】P2 一个毕业生创业，他要做的是大陆市场，他需要通路，他要怎样打入大陆市场，他还需要自己的人脉，这些都要从实习中学到。 【实习的必要性】P2 政府也意识到了，早期是说创业、就业，然后才是实习；现在反过来了，先实习、就业，然后才是创业。

续表

范畴	初始概念及原始语句资料
提供实习岗位	【实习的必要性】P1 实习完，他们有可能留下来，或者未来毕业后可以过来。这样他们也可以认识平潭，知道平潭是一个什么地方。 【实习的可行性】P1 在台湾，学生实习是没有钱的；但是在平潭，实习可以提供比较好的补贴，寒假或者暑假同学们在那里待上一两个月，假设一个月 3000 元人民币，他们愿意来，而且待上一两个月也没有什么风险。
其他体验交流	【旅游体验交流】P3 来往台中的“海峡号”船本来就是有政府补贴的，既然已经补贴了，旅行团也可以提供一些优惠，用优惠吸引更多的第一次到大陆的“首来族”到平潭看看。 【文化体验交流】P3 海峡论坛每一年要接待上万台胞去福建，包括平潭。
不同驱动的融入	【居住型驱动】P4 海岛和温泉，平潭可以成为台胞的居住片群，可以成为在福州工作台胞的后花园，设置便利的每日通勤车辆，也可以考虑周末居住，平时回福州。 【市场型驱动】P2 建成像北上广那样的城市，大家一想就想到这个地方，是市场性的聚集，而不是政策性的推动。 【人才型驱动】P5 对平潭来说，将来也会吸引很多国际化的人才过来，这就有了和台胞相似的人群，有利于台胞融入。 【减压型驱动】P3 平潭是最像台湾的一个地方，是台胞来大陆发展的过渡带与“减压舱”。 【事业型驱动】P3 社区营造，台湾在这方面比较有经验，同时也让台湾人过来比较有成就感：“这是我的强项，我能帮得上忙，我能发挥。”这样就比较有人愿意去，愿意落地。
不同程度的融入	【浅层融入】P2 有些人可能觉得能够和当地人一起吃吃喝喝就是融合了。 【浅层融入】P2 如果抱团现象非常严重，社交圈都是台湾人，很少看到当地人，融合程度就很低。 【新认同融入】P1 有一种是在当地形成一种新认同的融合。台商子弟学校中，他们觉得自己不是台湾人，也不是当地人，他们会说：“我是在大陆的台湾人。”所以，这并不是一个完全融入当地的融合。 【深度融入】P1 如果你最好的三五个朋友，工作除外（工作时必须得接触），生活中能够谈心的这些好友中当地人居多，这才能被界定为真正融入当地。 【深度融合】P2 如果朋友里面当地人比较多，也比较愿意在当地买房长居，还有愿意自己的小孩在当地受教育，这个很重要，等于你对未来的规划（是留在大陆还是台湾），在受教育这方面已经做了选择。

（二）主轴编码

在开放式编码之后，进行主轴编码。笔者根据不同范畴在概念层次与逻辑上的关系进行归类后，归纳出 4 个主范畴。各个主范畴及其对应的开放式编码范畴与提取的概念如表 4-8 所示。

表 4-8　主轴编码形成的主范畴与对应范畴及提取的概念

主范畴	对应范畴	提炼的概念
正视自身短板	台胞对岚认知不足	认知盲区 刻板印象
	台胞赴岚动机不足	认知限制欲望 缺乏赴岚理由
	平潭对台传播不足	对台宣传薄弱 传播媒介受限 失败案例居多
	平潭自身存在不足	基础设施 产业基础 文化弱势 人群基础 地理位置 天气因素 交通因素
确定吸引对象	群体动机差异	两代台胞差异 青年台胞动机特点 中年台胞动机特点
	潜在赴岚台胞特征	阶层：中高阶层 年龄：年轻台胞
了解台胞需求	事业发展需求	打拼型事业导向 猎奇型求职导向 创业风险规避需求 自我实现需求 工作同伴需求 创业帮扶需求 事业领域选择：文创 事业领域选择：跨境电商 事业领域选择：社区营造
	社会生活需求	生活需求·网络需求 生活需求·生活氛围需求 生活需求·居住成本需求 生活需求·业余娱乐需求 社会保障需求·司法与医疗 社会保障需求·居住安全感 社会保障需求·食品安全 参与社会治理的需求

续表

主范畴	对应范畴	提炼的概念
了解台胞需求	政治政策需求	行政共管需求 提升政策补贴优势 保障政策落地效果 落实政策实施细则 建立统一诉求渠道 精简行政事务流程 制定简洁政策用语 提升政策响应速度
	文化心理需求	语言运用差异 素质差异 思想差异 融合愿景 阶层需求 国际化多元化文化需求
定位优势形象	挖掘自身优势	海岛资源优势 温泉资源优势 政策补贴优势 生活便利优势 诚意形象优势 交通便利优势 工作前景优势 饮食接近优势 环境稳定优势 台湾商品获取优势
	学习标杆城市	相似的阶层特点引发融合 相似的生活习惯引发融合
	差异化定位	一个让台胞觉得有共同语言的地方 一个让台胞觉得亲切的地方 一个更像台湾一点的地方
对台精准传播	传播目的	告知优势 表达形象 改变印象
	传播方式	良性口碑传播 树立典型传播 专设媒介传播 调整宣传用语

续表

主范畴	对应范畴	提炼的概念
提供互动平台	构建咨询平台	权威信息渠道 信息咨询平台 解读帮扶机构
	提供实习岗位	台胞实习动机 实习的必要性 实习的可行性
	其他体验交流	旅游体验交流 文化体验交流
达成不同方式的融入	不同驱动的融入	居住型驱动 市场型驱动 人才型驱动 减压型驱动 事业型驱动
	不同程度的融入	浅层融入 新认同融入 深度融合

表 4-9　主轴编码形成的主范畴与对应范畴的关系（图 4-8 的简要对照表）

主范畴	对应范畴
正视自身短板	台胞对岚认知不足
	台胞赴岚动机不足
	平潭对台传播不足
	平潭自身存在不足
确定吸引对象	群体动机差异
	潜在赴岚台胞特征
了解台胞需求	事业发展需求
	社会生活需求
	政治政策需求
	文化心理需求

续表

主范畴	对应范畴
定位优势形象	挖掘自身优势
	学习标杆城市
	差异化定位
对台精准传播	传播目的
	传播方式
提供互动平台	构建咨询平台
	提供实习岗位
	其他体验交流
达成不同方式的融入	不同驱动的融入
	不同程度的融入

（三）选择性编码

从主范畴中挖掘出核心范畴，以“故事线”的方式来描述核心范畴、主范畴及其他范畴之间的脉络，推衍出以下理论构架（如图 4-3 所示）。

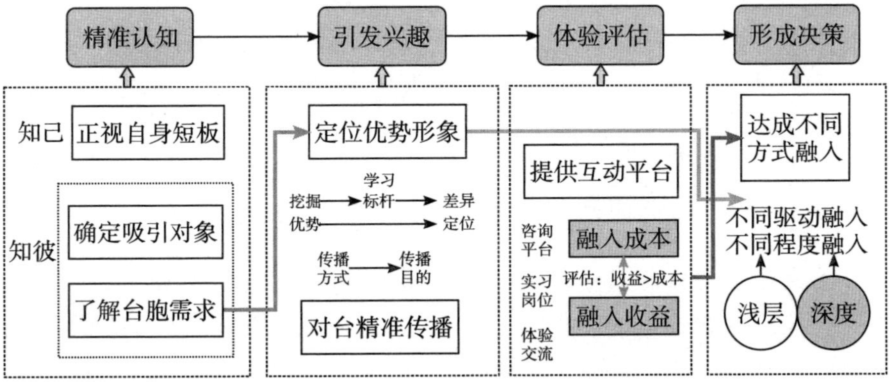

图 4-3 主范畴的典型关系结构

根据访谈的成果和编码的分析，笔者所确定的核心范畴为平潭综合实验区“台胞融入吸引路径”，围绕核心范畴的“故事线”可以概括为：平潭要正视当前所面临的台胞对岚认知不足、赴岚动机不足、平潭对台传播不足、平潭自身存在不足等短板现状；根据不同年龄、不同阶层台胞的动机特征，确定最适合的潜在赴岚人群作为吸引对象；对于潜在对象的事业发展、社会生活、政治政策、文化心理等方面的需求充分挖掘与理解；在此基础上，有针对性地挖掘自身优势，学习上海等台胞成功融入的标杆城市，进行自身优势形象的差异化定位；接着，选择合适的传播方式进行对台精准传播，以达到“告知优势、表达形象、改变印象”的传播目的；对产生兴趣的台胞要通过构建咨询平台、提供实习岗位以及其他的体验交流渠道来为他们解读政策中的疑惑、解决他们的困难与诉求，为“首来族”提供互动平台来解除他们融入的后顾之忧，最终达成不同方式的融入，这些融入可能是由居住、市场、人才、减压、事业等不同因素驱动的，最开始可能是浅层的融入，通过不断地交流与磨合，最终达成深度融合。以此“故事线”为基础，本书基于访谈调研结果构建一个完整的“精准认知—引发兴趣—评估体验—形成决策”的平潭综合实验区“台胞融入吸引路径”理论模式。

（四）理论饱和度检验

笔者使用另外1/3的访谈记录进行理论饱和度检验，结果显示，模式中的范畴已较为丰富，在台胞融入吸引路径的理论模式的7个主范畴（正视自身短板、确定吸引对象、了解台胞需求、定位优势形象、对台精准传播、提供互动平台、达成不同方式的融入）之外并未形成新的重要范畴与关系，因此可认为上述台胞融入吸引路径模式是理论上饱和的。

三、对推进平潭两岸融合发展的启示

上文通过对台胞在访谈调研过程中表达的态度、观点、诉求、偏好等信息的深度解读编码，得到“精准认知—引发兴趣—评估体验—形成决策”这一模式来解读吸引台胞赴岚的影响因素与台胞最终融入的路径。在此路径模式的四个主范畴中，平潭综合实验区知己知彼的“精准认知”是确定引发台胞兴趣的形象的依据；根据台胞的偏好和诉求创设优势综合形象，并通过合适的媒介与传播方法来“引发兴趣”是吸引台胞赴岚体验的基础；通过互动平台可以降低台胞的融入障碍，获得良好的“评估体验”；当赴岚的收益感知大于风险感知，就促成台胞“形成决策”，并以不同的方式融入平潭。以下对于此路径模式进行具体的阐释并提出对策。

（一）正视自身短板，了解台胞需求，“精准认知”成为吸引台胞融入的基础

平潭的台胞数量过少，所以首先要思考如何将台胞吸引到平潭。

一是正视自身短板。这里第一个要回答的问题是：台胞为什么不到平潭来？访谈中发现，“台湾人认为大陆人民吃不起茶叶蛋”这样的想法不仅仅在新闻中存在，现实中，很多台湾学生、家长也认为“大陆是买不到泡面的”，他们眼中平潭与大陆其他地方无异，甚至有访谈对象直言“很多人觉得平潭就是个荒岛”。这种刻板印象与认知的不足，主要是有效传播的缺失所导致的。平潭在台湾的宣传很薄弱，可能会通过一些在平潭做生意的台胞回台传播，但是一方面，传播的人群数量有限，宣传效果不佳，平潭的惠台政策信息无法传达到位；另一方面，在平潭发展的台胞的成功案例不多，所见所闻多有遭遇诸多困难的情况，所以，传播的形象也较为负面。因此，台胞对平潭没有太好的印象，更缺乏赴岚动机。当然平潭自身也存在一定的问题，平潭在 2009 年之前确实是比较不发达的地区，距离大陆经济腹地比较远，文化与经济方面的底气都不足，产业基础薄弱的历史问题也无法因为基础设施开始改善而迅速解决。虽然自 2009 年平潭被确定为综合实验区之后，进行了大量基础设施建设，发布了大量惠台政策，但能吸引到的台胞依然非常有限。有部分台胞反映“看完平潭之后还是会决定去福州或者厦门，因为感觉即使经济条件到位了，也没有办法赶上一线大城市”。除此之外，平潭每年有一半左右的时间风沙很大，虽然“海峡号”轮船往返台岚还算便利，但是天气不好导致“海峡号”停发及乘客晕船的情况也常见，这些也让很多有意向赴岚发展、定居的台胞望而却步。

二是确定吸引对象。要吸引台胞赴台，与认清自身存在短板同样重要的，还要明确另一个问题：平潭该吸引什么样的台胞？首先，从阶层来进行判断。阶层的高低决定了人群的流动能力，高阶层的人群拥有较强的流动能力。因此，大部分普通阶层的台胞，如一些农民或工人，受限于教育水平、工作经历与视野，他们不会产生离开台湾的意愿，也没有合适的渠道与能力来到平潭更好地发展。虽然因为平潭的自贸区地位

特殊，拥有台湾小商品交易市场，吸引了部分普通台胞来经营与农产品相关的一些小生意，但是能够在平潭获得良好经营成效并长久居留的，都是台湾比较大的农产商。因此，平潭确定的吸引对象应为台商、台干、台湾高层次人才以及留学归来的中上阶层的台胞。其次，从年龄层来进行判断。平潭加大基础设施与产业的建设，是能够吸引到一部分台胞来投资，但仅仅是资金的进入，台资企业聘用的可能是平潭当地人，或者从大陆其他地方招聘的员工。但实际上，青年台胞应该是平潭需要重点吸引并增进两岸融合的重要对象。青年台胞与来大陆的一二代台胞有比较大的差异，后者的成长环境是政治转型前的台湾社会，与现在的大陆社会较为相似，相比于在政治转型后成长起来的比较“叛逆、不走寻常路”的青年台胞，他们能够通过更多的付出与努力来获得更优越的生活条件，也能够较好地适应大陆，不需要用特别的方式来吸引。这与一般融合理论在年龄与融合程度关系的论断上是相反的。因此，平潭不能从自身的角度出发，认为“加大基础设施、给予一定的政策补贴”就能够吸引到青年台胞，而是要站在台胞的角度，去看看他们不一样的职业、生活等方面的追求，看看他们到底需要什么。另外，对青年台胞的重视，已经是全国性的政策优惠趋势，大陆各地都对青年台胞伸出橄榄枝，而平潭在吸引青年台胞方面并没有明显、独特的政策性优势。因此，更需要通过深度理解青年台胞的需求，挖掘并发挥平潭的特有优势来满足相关诉求，从而加强青年台胞的赴岚动机。

事业发展、社会生活、政治政策、文化心理方面是关系到台胞在大陆的融合程度的关键维度，因此有必要从这四个方面来深入了解台胞的需求。

一是事业发展需求。第一，要认清台胞对工作的认知、态度与要求。调研发现，对于台胞的事业追求导向，有两种观点。在年长的台胞受访者眼中，青年台胞工作的目的主要是为了“猎奇”，他们倾向于选择更加轻松有趣的工作，在就职的过程中享受工作，这是他们用一个长辈的眼光在看待孩子一样的青年台胞。而事实是，根据前述的赴岚台胞群体特征的探讨，愿意走出台湾寻求更好发展机会的青年台胞，都是属于有着较高的知识素质水平的中上阶层，是有着自己的职业憧憬的，就像一位青年台胞受访者说的“我们肯定有自己的追求，不是来逛逛玩玩的”。平潭曾引进一些高层次青年台湾人才，但并没有给他们很多空间来发挥自身的才干，这些台胞很快就无奈离去。因此，要正确认识台胞的求职导向，在为他们提供更加个性前沿的工作机会的同时，为他们创造更好的自我实现的平台。第二，要清楚台胞所倾向的事业领域。在访谈中，提及事业，台胞口中出现频次最高的三个词就是“文创、社区营造和跨境电商”。文创产业是台湾的优势产业，是很多青年台胞来到大陆的创业首选产业。文创也是大陆近几年很重视的一个产业，平潭当地政府应该加大对这个产业集群的扶持力度，提供工作坊、生产厂房、工商注册等一条龙的服务与协助，为青年台胞创设“拎包入住”的创业便利性。社区营造也是很多台胞所擅长的，台湾很多公益组织、社会企业也很希望将社区营造理念带入大陆，平潭可以完善相关的政策，既能为这些台胞提供事业平台，也有助于在一定程度上促进平潭当地的社区建设、产业振兴。台胞在平潭的成功案例中，跨境电商也值得一提。平潭拥有港口、仓储的优势，加上政策的倾斜，对台胞在跨境电商这个领域的扶持能够较好地实现（相比于高科技产业所需要的配套而言）。第三，构建对台胞的事业帮扶还可以包含：提供实习岗位来帮助青年台胞了解平潭市场、经营渠道，从而规避创业风险；培育台胞创业所需的客户市场，打造良性市场基础；政策性导向聚集中高层次人才，为青年台胞创设良好的人才环境等。

二是社会生活需求。在访谈中有一个很重要的发现——台胞受访者在诉求中提到最多的不是政治与事业，而是容易被忽视的生活细节需求，他们迫切需要一种与台湾比较接近的生活氛围来降低新环境的不适感与隔阂感。在生活方面，台胞表达了对网络、便利店、生活氛围、居住成本等方面的需求。有一位台胞受访者直接指出：“为什么脸书和Line不能用？也许过一阵子，我有了当地的朋友圈子，自然而然就转而选择微博微信，但我不能接受刚到一个比较陌生的地方就与我的台湾亲人朋友切断了联系。”这是台胞的心声，也是他们在大陆遇到的最大实际问题之一。在这方面，平潭可以充分发挥综合实验区的优势，像澳门大学与广东横琴的跨桥合作与网络改革一样——广东对横琴岛上划入澳门大学校区的1平方千米开放了网络。平潭可协商并在局部区域实现网络“有管制的开放”，使得台胞能够使用熟悉的脸书、Line 等软件，这将极大降低他们在平潭的隔阂感。许多台胞认为平潭没有便利店，那是因为他们眼中的便利店与大陆传统意义上的小型商超有很大的差异。在台湾，便利店的功能非常强大，除了售卖基本生活用品之外，还提供交水电费、洗衣服、交学费、购买演唱会门票、提供便利早餐等大量的生活便利服务，而且这样的便利店非常密集，真正实现了“便利”。青年台胞其他方面的生活需求还包含工作之余的娱乐配套、优惠可期的房价与购房补贴、带给台胞“小确幸”生活感知的咖啡店等，平潭应关注这些方面的建设，为台胞创造有“熟悉感与适应感”的生活氛围。在社会保障方面，台胞有着强烈的食品安全、司法、医疗与居住安全感的保障性需求。在食品安全方面，有一位台湾专家提出了一个建议——发挥综合实验区的政策优势，开放部分行政管理领域，由台胞来负责食品安全的审核，就像漳州设有专门的法庭，在台湾人碰到纠纷的时候，可以从台湾地区有关规定的角度来判定。而司法、医疗与居住社区的管理上亦可创新公共管理改革，在满足台胞社会保障方面需求的同时，能够产生融入平潭的感知——“我们是在参与治理，而不是被治理、被优惠、被照顾”，以此满足台胞参与社会治理的需求。

三是政治政策需求。受访者普遍认为，虽然理论上来说平潭拥有比其他城市更好一些的政策优惠，体现在补助金额、补助条件上，但是，实际上的比较优势并不十分明显，因此实验区政府应该积极深化改革，提升政策补贴优势，以弥补平潭在地理、经济、文化等方面与大陆大城市的落差，从而提升吸引力。此外，对颁布的优惠政策，要以台胞易于读懂的用语来制定便利可行的实施细则，并将保证政策落到实处。同时，设置台胞一站式服务平台，让台胞遇到政策问题能有统一的反映诉求渠道，免除多部门、繁琐的行政事务流程，有效提升办事效率，减少台胞在平潭创业与就业的时间与精力成本。

四是文化心理需求。这部分的需求主要包含文化认同、语言差异与就学需求三个方面。通过访谈发现，台胞对文化认同感非常重视，但这里的文化认同并非我们经常提及的“两岸同根同源的中华传统文化”，而是强调“现代化、国际化、多元化”的阶层背景。在平潭，台胞并不用收入水平来衡量阶层，而是用相似的教育背景、生活素质与思维方式来考量。“譬如去餐厅吃饭，当地人如果骨头随便吐、鞋子随便丢”，这样的情况会让台胞越接触越反感，文化认同与融入就无从谈起。而青年台胞所期待的有相似阶层背景的同伴可能是这样的一群人：受过高等教育，可能也是海归，拥有较高的行为素养，年龄层在20～40岁，薪酬相当。这样的文化环境中，青年台胞知道虽然彼此有不一样的地方，也可能在某些方面有分歧，但是依然会觉得好沟通，容易成为朋友。台胞在这方面的想法与需求可以作为平潭人才引进的一个参考。语言使用的差异是部分台胞感受到的一个困难，一位台湾博士反映：“做科研的项目申请中措辞、文字的排列组合确实让人不太适应，完成的申报书通常要请大陆同事帮忙修正后才能使用。”针对这方面的问题，实验区政府可以组织专门帮扶小组，为需要从事这方面工作的台胞群体提供帮助。当然，两岸使用的是相同的语言，细节方面的差异带来的困难随着在大陆生活时间的拉长终将弱化。在教育就学方面，台胞主要面临“没有合适的学校”与“两岸教学进度差异”两个方面的问题。由于平潭台胞数量有限，无法建设专门的台胞子弟学校，但是实验区政府可以为台胞提供多个学校的选择，提供优质的教育资源。与平潭当地孩子在同一个学校上学也有助于台胞子女更快地融入平潭。面对教学进度差异问题，比较行之有效的方式是联合特定学校共同建立专门的辅导机构，帮助台胞子女在入学初期补习大陆教材，并根据学习能力与水平选择合适的年级，从而缓解教学进度差异带来的学习不适应感。

（二）结合台胞的偏好和诉求，挖掘平潭自身优势，并通过精准传播优势形象使台胞“引发兴趣”

根据上述台胞需求，挖掘自身优势，可以对平潭进行差异化形象定位，打造专属于平潭的多元优势形象。通过选择适合的传播媒介与传播方式，引发台胞对平潭的关注与兴趣，改变台胞对大陆的刻板印象与不足认知，从而有助于他们深入了解并融入平潭。

一是确定平潭差异化优势形象。第一，结合海岛资源优势与温泉资源优势，建立优质旅游城市形象——平潭给部分台胞的印象是一个“有森林公园的很棒的海岛”，但是这样的海岛对于在海岛上出生成长的台胞的吸引力是有限的。平潭可以向马尔代夫等世界知名的海岛国家学习，树立起不同于大陆其他地区的有国际范的海岛形象，吸引台胞的特别关注。另外，平潭已经确认拥有温泉资源，2016 年 5 月，平潭综合实验区环境与国土资源局与福建省地质调查研究院合作开展的“平潭地热资源调查与评价”项目取得研究成果，验证了《平潭县志》中“平潭敖东镇东昆村有温泉”的说法。在访谈中，有台胞反映最感兴趣的就是福建的温泉资源。平潭应该致力于开发理疗温泉，结合平潭冬季多风沙的现状，将温泉设计为室内或者半室内的形式，最大限度降低季节影响，有效改变台胞对平潭冬季旅游资源的质疑。这样的旅游城市形象会吸引更多对优质生活环境有追求的青年台胞前来定居。第二，结合“生活便利优势”“交通便利优势”“饮食接近优势”与“台湾商品优势”建立“最像台湾的城市”的形象。对于大陆所拥有的“淘宝送货、外卖送餐、移动支付”等生活便利，有青年台胞就表示“挺喜欢这种模式的，便利店反而不是第一要紧”。因此，平潭可以在大陆特有的便利条件基础上，引进建设台湾服务全面的便利店，打造有各种模式的、全方位的生活便利体系。加上未来从平潭到台湾的高铁将会开通的预期、平潭拥有专业的台湾商品免税店便于赴岚台胞购买台湾商品、福建地区的食物与台湾最相似等方面的优势，使得平潭能够建立起“最像台湾的城市”的形象，解除青年台胞无法适应大陆生活的担忧。第三，结合“政策补贴优势”“环境稳定优势”“工作前景优势”与“诚意形象优势”，建立“最适合事业发展的城市”的形象。访谈中有台胞表示“台湾当前政局不稳，很多便利都掌握在财团手上，对个人没有优惠的配套措施”，而平潭作为综合实验区，拥有强大的政策优势、补贴优惠，提供了大量的就业与创业机会。有一位台胞感慨：“最近台湾有一个声音：其实看来看去，台胞是大陆心头最软的那一块。因为真的很有诚意、很有善意。”并且，大陆的政治经济环境稳定，政策的可持续性有保证。这一形象传递给青年台胞，他们会了解：来到平潭，他们不会受到歧视与排挤，能够获得最好的事业发展机遇与帮助。

二是实现对台精准舆论传播。确立了优势形象，接下来就要通过精准传播，用合适的方法将平潭的优势、优惠与诚意精准地传递给目标人群——台湾青年。传播要着重从两个方面展开。一方面，梳理一批赴岚台胞发展成功的典型案例，通过良性口碑传播实现榜样效应；另一方面，可以对接台湾的商业机构，在脸书、Line 等青年台胞常用的社交、搜索平台上宣传平潭的形象，通过市场化的方式建立一个“平潭品牌”。在传播内容的设计中，要特别注意避免使用官方的、制式的、条文性的发文方式，而是采用生动、有创意的、贴近台湾年轻人性格与喜好的语言，从而降低传播的刻意感，提高青年台胞的接受度。

（三）通过各种互动平台最大限度降低融入障碍，使台胞获得良好的体验评估

平潭应当构建统一的咨询机构，创设各种体验交流平台，面向通过各种渠道获得平潭的优势形象信息、产生赴岚意愿的青年台胞答疑解惑，并为首次来到平潭的青年台胞提供实习平台与交流平台，让他们加深对平潭的了解。一是构建统一的咨询机构。很多台胞对平潭的政策信息不能很好理解，遇到疑问也不知道该向谁求教，此时就需要有专门、统一的咨询机构来帮助他们解读政策信息。这个咨询机构应该设立线上与线下的渠道，“一个声音、多条途径”发声，随时随地为青年台胞提供最权威、细致的咨询服务，帮助他们降低赴岚创业或就业的时间成本与沟通成本。二是提供实习岗位与其他交流平台。不管是对于想要赴岚创业、就业的青年台胞，还是仅仅出于“好奇、旅游、找机会”目的来到平潭“看一看”的台湾大学生，平潭都可以为他们提供合适的实习岗位，帮助前者了解大陆市场，帮助后者更好地了解平潭并产生留下来的意愿。另外，可以通过旅游补贴、文化交流等各类活动，给第一次来到平潭的青年台胞留下良好的印象，最大限度展示自我优势，让他们感受实际的平潭和所宣传的没有差距。通过这些咨询机构与互动平台，全方位提升台胞在平潭的体验感知，促成“收益＞风险”的评估结果。

（四）包容台胞不同驱动的融入方式，引导浅层融入转向深度融合

良好的体验评估将有助于青年台胞由不同的动机驱动形成赴岚决策，初步融入平潭。一是“事业型驱动”融入——部分台胞可能发现平

潭对他们所擅长的文创、社区营造等方面的事业提供了最大力度的扶持，在这里能够实现才干的最大发挥；二是"减压型驱动"融入——部分台胞可能因为"平潭是大陆最像台湾的一个地方"而决定前往，在这里他们能够很快很顺利地适应，不会有在异地生活的不适与压力感；三是"居住型"融入——部分台胞虽然没有在平潭工作，但由于平潭的海岛、温泉以及生活条件方面的优势，将家安在了这里，每日或每周乘坐通勤车辆回来；四是"人才与市场性驱动"融入——随着基础设施与产业的大力投建，平潭可能以较快的速度成为一个较为发达的城市，能够吸引较多的国际化、高层次人才在这里发展事业，良好的市场加上相同阶层背景的工作伙伴，将让更多青年台胞愿意融入。

上述种种融入，在刚开始可能都是浅层的融入，但这是吸引获得成效的第一步。当越来越多的青年台胞愿意赴岚、愿意留下来、能获得较好的发展时，慢慢地，他们在当地的朋友就会越来越多，愿意让自己的孩子在这里读书，愿意将自己未来的规划放在这里，对事业发展、政治政策、社会生活、文化心理都有着越来越好的认同与适应，最终在平潭达成深度的融合。

第四节　基于扎根理论方法的平潭两岸融合发展研究

本节应用扎根理论方法，对生活在平潭包括台胞在内的不同身份的居民进行调研，对平潭的政府官员、社区管理者、台商协会成员、台胞等进行半结构化访谈；采取田野调查法，实地调查了台商协会、台胞社区、平潭台湾创业园、台资企业、平潭与台湾共同管理的上楼村、台湾青年创业项目等情况，对资料开放性译码、主轴译码和选择性译码进行分析，研究台胞对平潭两岸融合发展的态度与想法。

一、研究设计与模型构建

（一）研究方法

扎根理论是质性研究方法之一，最早由芝加哥大学的巴尼·格拉泽

(Barney Glaser)和哥伦比亚大学的安索·施特劳斯(Anselm Strauss)两位学者在1967年出版的《扎根理论之发现》一书中提出,其核心是在经验资料的基础上逐渐建立理论,通过收集资料,寻找反映现象本质的核心概念,再通过这些概念之间的联系构建相关的社会理论,① 其基本流程如图4-4所示。课题组采用扎根理论方法对平潭两岸同胞的社会融合想法进行分析。

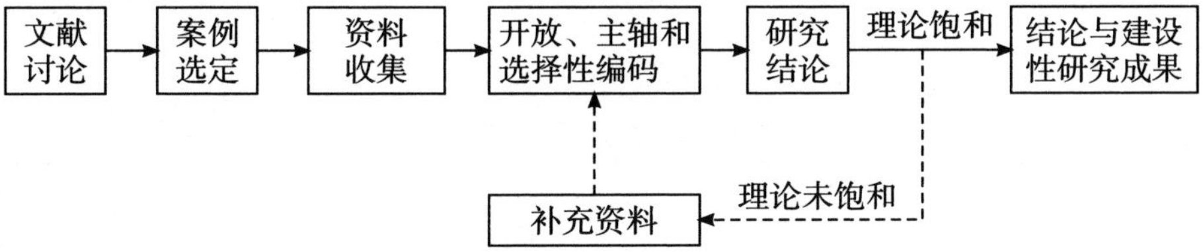

图4-4 扎根理论方法研究流程图②

(二)数据采集

扎根理论方法的数据来源主要包括实验区档案、田野调查、访谈记录、实地观察、相关文档、实物证据等。本书通过以下方法收集一手数据:一是设计了包括15个开放性问题的访谈提纲,对案例所在地区的政府官员、社区管理者、台商协会成员、台胞等进行半结构化访谈。典型访谈问题包括:台湾同胞来到平潭和本地老百姓之间的关系怎样?有哪些觉得不舒服的地方?台湾的里村管理与大陆的居民委员会管理之间的区别在哪里?将来共同家园的理想状态是什么样的?台胞社区里经济帮扶的来源是哪里?台胞社区无法深入推进的原因是什么?二是采取田野调查法,实地调查了台商协会、台胞社区、平潭台湾创业园、台资企业、平潭与台湾共同管理的上楼村、台湾青年创业项目等情况。经访谈者同意进行了全程录音,后期由课题组成员整理成文字资料约5万字。二手资料主要包括平潭台工部、平潭台湾创业园、台胞社区等提供的内部文档、计划书、网络资料、宣传材料、分析报告、媒体报道等。

① 李志刚:《扎根理论方法在科学研究中的运用分析》,《东方论坛》2007年第4期。

② Pandit: The Creation of Theory: A Recent Application of the Grounded Theory Method. The Qualitative Report, 1996 (2).

（三）数据编码与模型构建

通常扎根理论方法对资料的分析是由三种主要的编码组成：开放编码、主轴编码和选择编码，但不同种类的编码程序间的界线并非固定不变的。

1. 开放编码

开放编码是将初始资料进行组合、归类，然后通过多种分析挖掘，得出概念并对其属性进行界定的过程。在这个过程中，一方面需要研究者对原始资料进行深加工，浓缩精简；另一方面也可以增加新的材料以保证研究更加深入。本节开放编码共得到 13 个范畴（见表 4-10）。

表 4-10　开放编码形成的范畴

范畴	概念	原始语句
	A1 产业特征	现在很多都在小额贸易上。
	A2 市场因素	关键要利益驱动，光靠政府去引导无法长期（持续）。
B1 经济融入	A3 经济因素	大陆综合实力强，经济发展，台湾人到大陆能够真正获利，即使是微利，也能感觉到，然后就会对平潭、对大陆很有信心。
	A4 创业类型	现在讲大众创新万众创业，我们是希望青年来这创业就业，青年创业就业的发展趋势很快，我们有 3 个青年创业就业基地，第一个是台湾创业园。台湾创业园现在企业有 300 多家，其中台资占了 50%，很多都是台湾的青年创业企业。还有一个就是台湾免税市场，现在也有 300 多家，台资占 60%，现在销售额已经累计 20 亿元了。还有一个就是青年文创村，比如说北港、抬水封印村。
	A5 经济支持	在我们创业就业过程中，当地出台了一些经济方面的扶持政策，例如在融资信贷方面提供信用担保等，在相关方面给予一定的帮助。
	A6 建筑项目	另外一个是允许他们承接一定的工程，比如说台湾的文化广场，就是台商自己建筑营造的，这都是一些成功案例。
B2 经济接纳	A7 资质互认	我再举一个例子，是人员从业资质互认领域。现在在建筑、医疗、规划、旅游这四个领域，只要在台湾有证，在大陆通过换证、培训，就可以择业了。旅游现在已经有 111 名导游申请换证，有 6 家旅游企业已经在这边注册落地。
	A8 发展方向	经济方面重点是金融，平潭没有产业基础，初期做金融是可以的。因为金融有政策优势，见效快。在这儿有一些证券公司，做银行也好，只要能开税票就行。资金过来了、金融机构过来了，自然就有企业过来了。去年一年金融的产业总值已经达到百亿级别，占 GDP 有一定比例了。第二个就是航运物流，海上快件，平潭到台湾有海上运输的优势，海上运输时间短、成本低。

续表

范畴	概念	原始语句
B3 社会融入	A9 治安条件	台湾人来这边马上就能感受到治安状况，因为台湾现在治安不是很好，大陆治安比台湾好，讲最简单的，大陆现在没有黑社会、黑帮势力，台湾还是有很多的，所以台湾人在了解大陆之后对治安很放心。
	A10 社区管理	上楼村请了台湾原来一个当里长的，有很多社区管理经验，来这边做执行长。他每个月来一个礼拜，实际上很好，因为我们常去那边调研，经常和这些村民还有他们的村书记、底下的干部沟通，他们说这个里长很好，把台湾社区管理的模式，具体怎么做都教他们。
	A11 活动参与	台胞会参加类似节假日、老年关怀这样的活动，还有更大型的活动，比如说体验式交流之类的。
B4 社会接纳	A12 志工交流	这种主人翁精神是会感染其他社区居民的。台湾很多里长来，都会传递这种精神。我们这边有过去帮忙教育的，也会把这些带过去。包括 6 月份的村里长交流活动，大概是 600 人的规模，400 人是从台湾过来的，我们也会叫一些基层代表、社区营造者，因为台湾的社区营造是做得比较成功的，他们都会带来一个观点，就是（发展）志工。
	A13 社区共建	要结合双方的优点，这才是我们平潭融合也是综合实验的一个本质目标。绝对不能说我们是照搬，我们上楼村现在是引进台湾的经验，但是慢慢地会提炼出自己的特色。所以现在的“一区两标”也是一个初期状态，长期来看我们也不建议完全引进台湾的标准。
	A14 共同家园	这些就是把文创、旅游、青年创业结合起来，就是说台湾青年用文创改造民宿，用民宿促进旅游，同时也促进台湾同胞共同家园建设，是促进社会融合的一个典范。
	A15 态度友善	因为平潭是最早和台湾做海上贸易的，后来平潭也有很多人私渡到台湾去打工，所以平潭本身就有很多人到过台湾。台湾人也不会排外，所以一般到台湾打工的人对台湾人的印象也不会很差，台湾人也给他们很多帮助。我刚来平潭的时候会和一些人打交道，发现平潭人对台湾人还是有一份好感的。

续表

范畴	概念	原始语句
B5 文化融入	A16 人文关怀	刚开始来的台胞会存在一个适应期，这个适应期里（平潭当地政府）会提供一些人文关怀，来的是不是真正能够居住的，我觉得关键在这里。
	A17 入乡随俗	来的同时肯定会有不适应，这很正常，需要一段时间。所以我目前认为这是相互的，台湾同胞到当地来也要入乡随俗。
	A18 子女入学	目前有些台商的孩子在当地入学。
B6 文化接纳	A19 爱心服务	确实台湾的一些社会文明方面、公益方面做得好，去学校有义工妈妈，到医院也有义工等，这是台湾做得比较好的，也是台湾的一个优点。
	A20 社区环境	小区环境卫生、垃圾分类等都有了明显改善。
	A21 交流活动	采用微信群等方式多渠道进行交流，并经常举办一些交流活动。
B7 政策融入	A22 优惠政策	我在 2010 年的时候，能够有机会来平潭参访，知道这边要建一个共同家园，有很多对台的优惠政策，还有一个很好的未来建设规划。经过几次调研之后，毅然决然地结束下半年的工作计划，2010 年底就到平潭来，应该算是平潭成立综合实验区后第一批过来的台商。
	A23 专项服务	创业方面，各部门都有设置专门的服务。我觉得这方面是很好的，尤其是年轻人，因为年轻人经济方面是会比较薄弱，如果来这边创业或就业，本身就是要有点积累。没有积累的话，来到这边就可能面临很多问题。刚好这边政府为我们提供这一系列的方案尽量照顾他们，能让他们先稳定下来，在平潭慢慢地发展。这是我们台胞在平潭的一个感受。
	A24 社区管理	社区成立一个社区管理委员会，会规定说这里不能停车、那里不能倒垃圾，只要你搬进这个社区就要遵守这些规定。会请一些代表过来开会，说明需要大家怎么做，希望大家去配合，甚至还有一些基本的条例。
	A25 专门机构	早期台胞来的时候会害怕，连讲话都要琢磨一下，不知道会不会被你坑了。我觉得现在会好很多，包括有台商协会、台工部这样的机构，也会给我们很多关怀。

续表

范畴	概念	原始语句
B8 政策接纳	A26 综合实验	平潭当初之所以能成为综合实验区，不单单是经济实验。综合实验区就是会包括政治，但政治就会有政治风险，所以平潭项目发展到现在和初心是有一定差距的。
	A27 建筑备案	工程建筑这块，现在已经允许台湾的企业向大陆实施备案，只要是台湾的建筑工会、建筑行业协会的权威认证就可以进行备案，现在有 48 家在这边备案。
	A28 引进专才	我们现在的主要制度层面涉及的比较少，主要还是政策层面，比如说从业资质方面，另外就是引进台湾社区营造，然后开展社区自治。还有一个就是引进台湾的专才进入其他单位工作。
	A29 台车入闽	还有一项工作是平潭最近几年里做的，就是台车入闽。台湾的车辆可以到平潭和福建省内行驶。进来的时候经过一个审验，在省内可以走 3 个月，以后再进来的时候只要一个签注就行了。但是现在车辆比较少的一个原因是押金，押金要几十万元。
B9 经济游离	A30 营商环境	唯一能吸引台湾人过来的，讲白一点就是有钱赚。有钱赚即使环境差一点也没有关系。所以现在平潭的缺点就是营商环境、创业环境还处于起步阶段，很多商机流失。台湾人来一波，看一看，没有什么可以赚钱的机会，然后就离开了。
	A31 人口基数	我们讲个最简单的：来这边开个台湾特色小镇之类的，但这边人口基数不够。平潭现在号称是 40 多万人，但实际上有 20 万人在外面做工程，20 多万人分布在各个岛。……外来人在这边落地的不多，都是一些来这边施工的、做工程的。所以说我们台湾同胞来这边做点小生意，到时候又做不下去离开的就很多。大的免税店还没做，因为生意还是不好，生意不好有几个原因，他们归结为人气不够，我认为是免税产品种类不够多，如果多的话就会吸引很多游客来这边，这个和时间可能有点关系，再过两年我们动车开通到码头，人流、物流就具备了，可能这个商业氛围就形成了。现在还没有形成商业氛围怎么引商？
	A32 基础设施	说实话平潭是福建省的一个贫困县，税收不够，所以很多基础建设，道路、公园、绿化等生活环境是会差一点。因为我是做孵化器的，我也做招商，我发现我一年接待很多台商，但是最终都没办法落地。我们不利的地方，就在于平潭原来的基础太差，人流量太少，因为原来这边太穷了，人都外流了。还有一个原因就是因为它是一个岛，很少有人会愿意流入进来，这就要看我们的基础建设是不是够吸引别人。

续表

范畴	概念	原始语句
B10社会游离	A33 办事效率	在平潭办一件事情我觉得我花费的时间成本是很高的。我做一件事情可能在台湾只要一个小时就搞定，可是在平潭可能需要两天、三天，甚至一周。
	A34 医疗因素	包括看医生也是，这两种很明显的差距会让我们不适应。虽然说我是平潭出生的，但是一直以来我都想回台湾去养老，回台湾去看医生，各种事情都想回台湾去。这个没办法，台胞在这边不能交双份的医保社保，在台湾交了这边不承认，这边交了拿回去那边不承认，没办法对接。
	A35 健保体系	台湾的全民健保是强制的，每个人都要交。我们在大陆又要交一份医保，但是我们生病了只能去一个地方看病，不能两边都去。台湾那边像我们这种超过一定岁数的，每一年都有免费的妇检，社会福利比较齐全。大陆这边达不到。
	A36 社会交往	台湾早期在人文整体素质方面相对我们来讲会更好，我其实最有感受，我本身是大陆新娘，从平潭到台湾的。我到台湾走在路上，眉头皱一下就会有很多人过来关心："唉，你怎么了？你需要帮助吗?"或者我坐捷运，怀孕的时候，会有很多人伸出援手。台湾给我的感觉就是充满了爱的地方，很多东西是井然有序的，大家不会拥挤，停车也是大家都很有秩序地去做。
	A37 住房因素	像我租房子就不会买很好的家具，不会把它装饰得很漂亮，要是自己的家就会不一样，就会花心思，安心住下来，这才是家。目前台商在这边买房的很少，可以说是个位数。因为刚过来的时候就被告知对台湾人会有限价房，但是等来等去，大家本来都信心满满的，但是换一个领导思维又不一样，整个市井就又换了，然后又没下文了。
B11文化游离	A38 社会公德	（平潭和台湾）确实会有很多不一样的地方，就是公共道德比较欠缺，垃圾会乱丢、车乱停，不会考虑到别人。
	A39 教育因素	台湾是比较注重（教育），从幼儿园的时候就开始培养生活习惯、礼节、公共道德这些，我发现大陆的教育，一开始就是在强调学科教育，不注重生活教育。
	A40 人文素质	教育不仅仅是说读书的压力，应该是从小孩子的时候抓起，从妈妈开始。人文教育应该是从孩子抓起，文明礼仪是根深蒂固的，所以说环境造就了一个人，这个是要从小培养的。

续表

范畴	概念	原始语句
B12 政策游离	A41 体制因素	国家也重视了，省里也重视了，说到底就是地方政府有没有能力管，现在很多政策法规都牵涉到各个部门，各个部门都各自为政，海关、隔检、税务这些部门都没办法管，牵一发动全身，很多政策中央说了算，地方政府没办法。
	A42 领导因素	国际旅游岛原来政府是说设置一个部门来管的，其实国际旅游岛整体规划跟我们前期的建设有关系，比如说我们这边很多领导都是外派来的，没有形成一个固定的、一直循序渐进的框架，我觉得可能跟领导的换届有关系，持续在换领导，不同的领导有不同的想法，可能会导致很多方面衔接不上，我们的领导也在想着改善这个状况。这两年来，我们发现规划局的领导已经换了两届了，换的频率太高了，今年这个想到这个规划，明年可能又变了。所以我觉得他们现在也很着急，会发现做规划涉及体制方面的问题，不懂怎么推下去，所以说会导致建设共同家园的速度变慢。
	A43 开放力度	要想发展就必须加大开放力度，目前开放力度不够，还有限制，没有全部开放。
B13 利益排斥	A44 合作问题	进行商务运作时出现问题，比如当地的渔民拿了房子，但是不愿意交给两岸的公司（运作）。

2. 主轴编码

所谓主轴编码，是将上述开放性译码中被分割的内容再次建立关联，通过多个范畴间的内部联系来进一步归纳出主范畴。将上述开放性译码中所得的 13 个范畴进行主范畴的归类，最终共开发得到 4 个主范畴（见表 4-11）。

表 4-11 主轴编码形成的主范畴

主范畴	子范畴	范畴的具体内涵
C1 社会融入	B1 经济融入	台胞群体在经济创业、产业特征、市场环境等方面的状况
	B2 社会融入	台胞群体在社会交往、社区管理、社区参与等方面的状况
	B3 文化融入	台胞群体在文化认同、观念学习、教育规范等方面的状况
	B4 政策融入	台胞群体在政策学习、机构设置、专项服务等方面的状况

续表

主范畴	子范畴	范畴的具体内涵
C2 社会接纳	B5 经济接纳	大陆群体在经济支持、资质互认、项目合作等方面的状况
	B6 社会接纳	大陆群体在志工交流、社区共建、社会交往等方面的状况
	B7 文化接纳	大陆群体在文化服务、环境优化、活动交流等方面的状况
	B8 政策接纳	大陆群体在政策制定、行业备案、引进专才等方面的状况
C3 社会游离	B9 经济游离	台胞群体在营商环境、人口基数、基础设施等方面的状况
	B10 社会游离	台胞群体在办事效率、住房因素、健保体系等方面的状况
	B11 文化游离	台胞群体在社会公德、教育因素、人文素质等方面的状况
	B12 政策游离	台胞群体在体制因素、领导因素、开放力度等方面的状况
C4 社会排斥	B13 利益排斥	大陆群体在经济因素、利益因素等方面的状况

3. 选择编码——构建社区再造模式

本书的核心范畴是“平潭两岸同胞社会融合模式”。本节通过对 4 个主范畴的比较、分析，明确了主范畴间的故事线，并以该故事线为基础，最终建立平潭两岸同胞融合发展模式（如图 4-5 所示）。

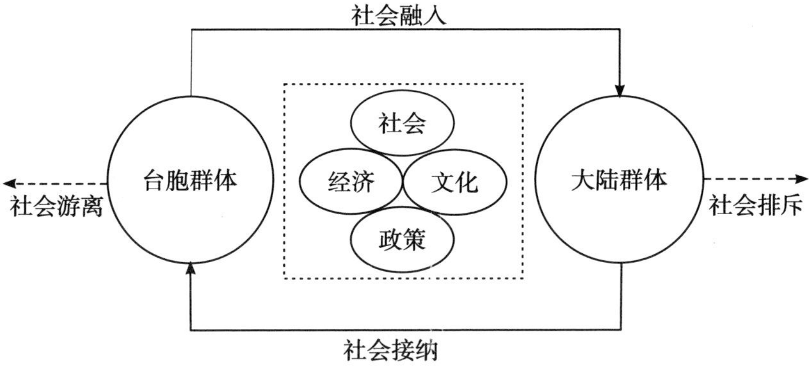

图 4-5　平潭两岸同胞融合发展模式

4. 研究检验

首先，进行理论饱和度检验。笔者将收集与整理得到的平潭两岸同胞社会融合方面的资料编码进行随机抽取，并未发现新的范畴，所以上述编码分析过程通过了理论饱和度检验。

其次，进行研究信度检验。笔者对资料进行开放性编码，结果的一致率达到 86.7%。根据定性数据分析的编码者信度计算公式：信度=一致编码数目/所有编码数目，研究结论具有较好的信度。在后续的工作中，有课题组成员在个别关联范畴处理上出现分歧，经过较为深入磋商后最终达成一致。

二、平潭两岸同胞社会融合路径分析

在平潭两岸同胞社会融合模式中，社会融入、社会接纳、社会游离和社会排斥四个主范畴对其存在显著影响，以下将在资料整理的基础上对其影响路径进行阐释：

（一）影响路径 1：社会融入与社会接纳

社会融入和社会接纳是社会融合中的一对向心力。

在平潭两岸同胞社会融合研究中，社会融入具体体现在以下几个方面：一是经济融入。“大陆就是国力强盛，经济发展，台湾人到大陆能够真正获利”，“台湾创业园现在企业有 300 多家，其中台资占了 50%，很多都是台湾的青年创业企业。还有一个就是台湾免税市场，现在也有 300 多家，台资占 60%，现在销售额已经累计 20 亿了。还有一个就是青年文创村，比如说北港、抬水封印村等”。二是社会融入。“台湾原来一个当里长的，有很多社区管理经验，来这边做执行长。他每个月来一个礼拜”“台胞会参加类似节假日、老年关怀这样的活动，还有更大型的活动，比如说体验式交流之类的”。三是文化融入。“来的同时肯定会有不适应，这很正常，需要一段时间。所以我目前认为这是相互的，台湾同胞到当地来也要入乡随俗”，“目前有些台商的孩子在当地入学”。四是政策融入。“原来早期台胞来的时候他们会害怕……现在会好很多，包括有台商协会、台工部这样的机构”。资料显示，目前台胞在平潭工作生活等方面需求均能得到基本的满足，当地的优惠政策、本地民众的友好态度等均成为吸引他们留下来的主要原因。

在平潭两岸同胞社会融合研究中，社会接纳具体体现在以下几个方面：一是经济接纳。“体验式交流之类的活动，我们都会给予一定的帮助”“允许他们承接一定的工程，比如说台湾的文化广场，就是台商自己建筑营造的，这都是一些成功案例”。二是社会接纳。“就是把文创、旅游、青年创业结合起来，就是说台湾青年用文创改造民宿，用民宿促进旅游，同时也促进台湾同胞共同家园建设，是促进社会融合的一个典范”“台湾很多里长来，都会传递这种精神。我们这边有过去帮忙教育的，也会把这些带过去。包括6月份的村里长交流活动，大概是600人的规模，400人是从台湾过来的，我们也会叫一些基层代表、社区营造者，因为台湾的社区营造是做得比较成功的，他们都会带来一个观点，就是（发展）志工”。三是文化接纳。“小区环境卫生、垃圾分类等都有了明显改善”“采用微信群等方式多渠道进行交流，并经常举办一些交流活动”。四是政策接纳。“工程建筑这块，现在已经允许台湾的企业向大陆实施备案，只要是台湾的建筑工会、建筑行业协会的权威认证就可以进行备案”“引进台湾的专才进入政府事业单位工作”。资料显示，目前平潭综合实验区的政府以及各级部门从经济、社会、文化、政策等方面给予台胞“超优待遇”。

通过上述内容，不难看出台湾同胞在平潭的社会融入程度取决于他们对平潭能给他们带来的生存与发展机会的判断，以及平潭当地居民对他们的社会接纳程度。要在平潭建成一个实现两岸同胞高度融合的社会，处于主流群体地位的平潭大陆同胞群体要在经济接纳、社会接纳、文化接纳和政策接纳诸方面不断调整，了解影响台湾同胞社会融入的因素，主动地进一步推进台湾同胞在平潭的社会融入。

（二）影响路径2：社会游离与社会排斥

社会游离和社会排斥是社会融合中的一对离心力。

在平潭两岸同胞社会融合研究中，社会游离同样也体现在经济、社会、文化、政策等方面。一是经济游离。“平潭的缺点就是营商环境、创业环境还处于起步阶段，很多商机流失。台湾人来一波，看一看，没有什么可以赚钱的机会，然后就离开了”。二是社会游离。“像我租房子就不会买很好的家具，不会把它装饰得很漂亮，要是自己的家就会不一样，就会花心思，安心住下来，这才是家。目前台商在这边买房的很少，可以说是个位数”“包括看医生也是，这两种很明显的差距会让我们不适应。虽然说我是平潭出生的，但是一直以来我都想回台湾去养老，回台湾去看医生，各种事情都想回台湾去”。三是文化游离。“台湾是比较注重（教育），从幼儿园的时候就开始培养生活习惯、礼节、公共道德这些，我发现大陆的教育，一开始就是在强调学科教育，不注重生活教育”。四是政策游离。“要想发展国家就必须加大开放力度，目前开放力度不够，那个六大类还在限制，还没有全部开放”等等。资料显示，虽然同属中华文化范畴，但是两岸民众在医疗健保体系、社会文明认同等方面存在不一致的现象，加之平潭综合实验区正处于基础建设阶段，市场容量有限，使得台胞尤其是台商出现较为明显的游离现象，但这是任何群体在融合的过程中都会或多或少出现的。

在平潭两岸同胞社会融合研究中，关于社会排斥方面的表征不是太多，仅仅提到“进行商务运作时出现问题，比如当地的渔民拿了房子，但是不愿意交给两岸的公司”，但并未呈现较为明显的排斥台胞现象。

通过上述内容，可以发现在平潭两岸同胞社会融合研究中，同样存在着台胞的社会游离和当地居民的社会排斥。一方面，在平潭居住的台湾同胞中有些人因为对当地社会“不习惯”而倾向于保持社会游离状态，尤其是平潭正在从以第一产业为主导转向以第二三产业为主导，与以第三产业为主导的台湾有很大差异，这使得台胞更容易被“不习惯”所影响。另外，平潭的台湾同胞对平潭的政治社会生态环境的不熟悉、不习惯，也会强化他们的社会游离倾向。另一方面，平潭本地居民祖祖辈辈生活的海岛上，突然来了许多陌生的外乡人，原来熟悉的生活方式与习惯受到冲击，在当地居民中会产生社会排斥倾向也是在所难免的。

三、对推进平潭两岸融合发展的启示

本节运用扎根理论研究方法，通过对访谈等一手资料和二手资料深入剖析，总结出了平潭两岸同胞社会融合模式，包括社会融入、社会接纳、社会游离和社会排斥四个主范畴，并对融合模式进行阐释。

平潭的社会环境特殊性和参与群体特殊性，致使这种社会融入与社会接纳与其他情况下的社会融合有极大的不同，对其特殊性进行研究具有非常重要的价值。在平潭两岸融合发展过程中，同样也存在台胞由于“不习惯”和“意愿弱”产生的社会游离和环境突变，当地居民面对外部群体进入的冲击也可能会产生社会排斥倾向。因此，在平潭两岸同胞社会融合的过程中，平潭居民要在经济接纳、社会接纳、文化接纳和政策接纳诸方面，更加主动地推进台湾同胞对平潭的社会融入。

第五节　平潭与昆山台胞社区融合发展案例比较

本节应用社区主义理论基本原理，运用案例比较分析方法，选取平潭的台康社区和昆山的花都社区，对居住在这两个社区的台胞融合发展历程和现状进行比较分析，以期从社区层面获得对推进平潭两岸融合发展的有益启示。

一、社区主义理论研究综述

社区主义（Communitariannism）受到公共事务领域研究者的广泛关注。早在 1841 年，古德温 · 邦比第一次提出“社区主义”术语。[①] 之后，麦基弗（1917）在《社区：社会学研究》中强调社区必须建立在成员的共同利益基础上，社区的主要特征是共同善和公共利益。[②]

当代主张社区主义观点的社会学家主要有：威廉 · 孔豪瑟、罗伯特 · 尼斯贝、菲利浦 · 塞尔兹尼克、罗伯特 · 贝拉和埃米泰 · 埃兹奥尼。新社区主义的著作主要包括罗伯特 · 贝拉与同事所著《心灵的习性》（1985）、埃米泰 · 埃兹奥尼所著《社区的精神》（1993）和《新黄金定律》（1996），以及菲利普 · 塞尔兹尼克所著《社区主义者的劝说》（2002），这些构成了当代社区主义思潮的主要内容。[③]

所谓“社区主义”是一种以社区共同体的公共生活为基准点，强调践行公共约束性准则的、以公共理性为核心的伦理精神，这种伦理精神正在成为世界伦理发展的新趋势。社区主义注重社区生活共同体内的价值关联与结合，它有着多种理想化的特征。例如，以个人尊严为前提的

① 丹尼尔 · 贝尔：《社群主义及其批评者》，三联书店 2002 年版，第 16 页。

② 布赖恩 · 特纳：《Blackwell 社会理论指南》，上海人民出版社 2003 年版，第 6—17 页。

③ 夏建中：《社会学的社区主义理论》，《学术交流》2009 年第 8 期。

个性化特征，以人人互相关心为感情纽带的共同性特征，以友爱互助为共识的自愿性特征，以按需分配为利益实现手段的制度性特征，以地位、权力非特殊化为原则的平等性特征等等。①

为了进一步对平潭与昆山的台胞社区进行对比，本节引用格伦（1993）在研究社区与公共政策时，从社区评估公共政策的过程角度所提出的关于社区的三个研究途径——社区发展途径、社区行动途径与社区服务途径②，选取平潭的台康社区和昆山的花都社区，从参与目标、参与者、方法与角色等方面进行对比分析，以找寻二者的差异，为台胞密集社区的建设提供参考。

格伦对于社区政策研究途径的分类如下：第一，社区发展途径。它是指社区或社区居民针对社区的未来发展发挥创造性与合作性的过程，使得社区的发展能更接近市民本身自我的界定与需求，然而它仍无可避免地需要不同的专家，以非命令的方式进行协助，例如生活空间的改善、小区道路与文化发展等计划。第二，社区行动途径。它是指针对特定的议题，可能组成追求权力的结构性组织或团体，为社区的利益与政策发起运动，在此过程中会有动员或产生具有组织性的结构与行为。第三，社区服务途径。它是指发展社区取向的组织或服务，在此途径中，社区居民身兼双重角色，即社区服务者与被服务者，并可通过参与及加强与政府等其他单位的合作，提高服务质量与数量，例如推动守望相助或警民联防等。这些不同的研究途径体现了社区在不同的情境下，其参与公共事务的目标、参与者、方法与角色的差异③（见表 4-12）。

① 余潇枫、张东和：《社区主义：公共伦理建设的新走向》，《上海交通大学学报（社会科学版）》2002 年第 1 期。

② Glen，A. Methods and themes in community practice. In Butcher，H.，Glen，A.，Henderson，P. and Smith，J. al.（eds），Community and Public Policy. London：Pluto Press，1993.

③ 柯于璋：《社区主义治理模式之理论与实践——兼论台湾地区社区政策》，《公共行政学报》2005 年第 16 期。

表 4-12 不同社区研究途径比较

	社区发展途径	社区行动途径	社区服务途径
目标	促进社区自主性	为社区利益及政策而奔走	发展以社区为导向的组织与服务
参与者	社区自行界定以符合需求	具有一定组织化的团体	组织/服务使用者为伙伴关系
方法	创意及合作的过程	在明确的议题上采取参与策略	扩大社区及使用者参与及组织间连结
角色	专家，以非命令的方式进行协助	行动者/组织者为政治行动展开动员	服务管理者，重新建构交易或传送过程

二、研究背景与资料收集

本节选取福建平潭的台康社区和江苏昆山的花都社区作为分析对象。从社区居民的户籍来看，两个社区均为台胞居住集中地，有着相似的社会环境和人员基础。两个社区运营和管理的目的都是更好地实现两岸同胞融合，但在社区建设和管理的基础性条件方面存在较大差异。从某种程度上说，平潭台康社区和昆山花都社区代表了两岸同胞融合发展的不同阶段。江苏昆山是大陆台商密集区，是移居大陆台胞的重要居住地。昆山台胞融合现象比平潭早得多，也成熟得多。对这两个社区进行综合分析，可以为比较台胞社区的建设路径、两岸同胞融合方面存在的问题等提供较好的研究视角。

平潭台康社区的资料和信息是基于对该社区的实地调研得到的，包括对社区管理者、社区精英、居民的访谈和社区的实地参访。昆山花都社区的研究资料则来自对该社区的实地调研，包括对社区管理者、工作人员、社区精英等的访谈和社区的实地参访。部分资料也来自两个社区提供的纸质资料，以及网络和其他媒体中有关两个社区的相关信息和报道材料等。

（一）平潭台康社区：台胞社区的雏形

台康社区位于平潭澳前镇，成立于 2017 年 3 月 1 日。该社区名称源于台湾康德世家，这也预示着该社区从诞生之日起就和台胞结下了不解之缘。台康社区的管辖区域包括康德世家一至三期、康德别墅区、万豪美域、万豪汇景城B区、海坛金座、万豪大景城、宝城花园、汉阳小区、万宝城等11个住宅小区，居民约3800户。

由于成立时间较短、住宅小区入住率低等原因，该社区内台胞人数较少。根据社区工作人员的上门走访调查，台胞最多的时候超过100人。在实地调研期间，长期居住在台康社区的台胞仅有48人，以租房为主要居住方式，主要从事小额的餐饮行业，服务于辖区内的台湾文化广场、康德夜市等。

台康社区的工作人员从人文关怀入手，以现有的资源为基础，并将上门拜访与线上交流相结合，致力于打造台胞之家，时刻围绕台胞利益开展社区工作，让台胞在平潭也能感受到“家”的味道。总体上来说，台康社区历经了三个阶段：

第一阶段：社区萌芽期。由于各项统计数据欠缺，社区工作人员每家每户敲门走访，以摸清家底，尽可能了解居民的真实情况和实际需求。在这一阶段因为管理工作方式存在差异，出现了台胞因该社区不能满足其需求而选租其他社区的现象。

第二阶段：社区磨合期。该阶段的重点是改善社区内部社会关怀状况，发展社区福利，增进居民之间的感情。台康社区开通微信公众号，

两岸同胞在台康社区共同制作平潭传统美食“天长地久”（江信恒　摄）

建立了微信群，经常在社区举办活动，如母亲节举办的“模范母亲节”表彰活动，端午节举办的“情满五月天，欢乐度端午”活动等，加深交流、建立友谊，但在社区卫生、居民素质等方面仍然存在较多摩擦。

第三阶段：社区形成期。在该阶段，社区管理者、工作人员通过不定期召开台胞座谈会，并鼓励台胞参与社区管理，从社区以外尤其是台湾引入先进的社区管理经验，结合本社区特色，推动社区管理的制度化、精细化，例如对垃圾进行分类管理、优化社区环境等。

（二）昆山花都社区：台胞社区的成功案例

花都社区建于2008年初，位于江苏省昆山市长江北路335号花都艺墅小区内，辖区东起青阳北路、西至长江北路、南起新纬路、北至339省道，总面积0.28平方千米。优美的环境、多元的文化吸引了众多台商和其他新昆山人落户。花都社区现有12个民族5800余名各族群众在社区生活，其中台商台眷占比达到30%以上。

近年来，社区以铸牢中华民族共同体意识为主线，围绕“合和美惠”四大主题制作《幸福生活指南》，开展形式多样的各族群众交往交流交融活动，唱响“昆台一家亲·民族大团结”和谐乐章。围绕“合”字，开展交流活动。成立昆山首个“两岸婚姻家庭联谊站”，以家庭为纽带，举办各类亲子活动。在中国传统节日开展“我们的节日”系列活动。借助苏莺民族团结工作室、台商之家、悦培成长等十大载体，开展两岸青少年参与度高、有感度好的交流活动，引导两岸青少年自觉做铸牢中华民族共同体意识的维护者、践行者和传播者。围绕“和”字，开展睦邻活动。搭建睦邻文化节、百家宴、游园会、美食节等载体，做到周周有活动、月月有新品、年年有新意。发挥“台商文艺家园”的桥梁纽带作用，开办书法班、组建舞蹈队、开设咖啡课堂，引导各族群众相互了解、相互尊重、相互包容、相互欣赏、相互学习、相互帮助。围绕“美”字，开展志愿活动。建立志愿者积分兑换制度，量化志愿服务，与商业街多家商店合作，形成多元化志愿服务兑换激励机制，促进两岸各族群众积极参与小区环境管理、垃圾分类、疫情防控、文明城市建设等志愿服务。围绕“惠”字，开展便民活动。以居民实际需求为导向，开展便民惠民活动，开办家门口的暑托班、亲子儿童馆，开展便民服务日活动，更好满足居民需求，打通服务各族群众“最后一公里”，打造便民惠民的“花都温度”。

不同的生活方式和理念在花都社区融合，大家从“各管各”到“共同管”，每个人都是小区的主人，共同打造快乐、有活力、宜居、幸福、美丽的花都。总体上来说，花都社区历经了三个阶段：

第一阶段：社区磨合期。花都社区原来只有 5 名社区干部，住户却有 2500 人左右，相当于每名社区干部要为 500 人服务。为了提高工作效率，将服务覆盖到小区的每家每户，社区发展了 240 名志愿者。来自五湖四海并以台商为主要群体的新老昆山人聚居在这里，多元的社区风俗民情以及不同的生活习惯，使得社区刚开始的工作“寸步难行”。除了不了解，不信任更是一大难题。

第二阶段：社区形成期。为了赢得社区住户的信任，让他们的要求有地方去提，有困难可以找社区帮忙，花都社区一步一个脚印，认真解决住户长时间难以解决的一些难题。例如，组建物业管理指导小组，由物业、开发商、居委会以及住户组成。每个月的第一个星期六召开工作例会，形成常态化机制，还聘请了两名台胞住户作为特别委员，以便更好地了解社区台胞的需求。除了物业管理小组，社区还通过网站、QQ群、社区通台商短信组、微博、微信、电子网格化管理等平台更好地倾听居民意见并服务居民。

为了使居民从“形聚”到“神聚”，从“集中”到“融合”，融入大家庭，将花都艺墅、昆山当成自己的第二故乡，社区在最初了解居民的基本情况时，还调查了每个人的兴趣爱好，有针对性地开展各种主题活动。

第三阶段：社区融合期。为了使社区所有居民都能了解社区活动，社区印发《幸福生活指南》，让居民了解社区一年的活动计划，以便根据自身的兴趣选择参与。例如，社区携手台商慈济会、义工联等社会组织，组建爱花使者，负责带领居民种花、养花，做好花卉角的维护工作；组建经典诵读辅导队，依托社区幼儿园的师资力量，每个月开展四次《弟子规》《三字经》《大学》等传统经典著作的学习；组建花都“格格”服务队，开展网格巡查服务，发动居民积极参与社区活动，走访慰问特殊家庭。

昆山花都社区通过居民大舞台、善爱生活馆、居民文化艺术作品展等平台，借助社区居民组建的各类队伍，举办节日联欢、组织文体休闲娱乐、开展邻里互助等活动，让居民们在民俗、休闲和善爱的氛围中，真心感受浓浓邻里情、两岸“一家亲”。

三、两个社区比较分析

从上述两个案例可以看到，台康社区和花都社区有诸多相似之处，包括两地都有台湾特色；均从细节着手联结社区内部不同成员间的情感；结合社区特色和资源，发展社区内部优势，“走出去引进来”，凭借社区特色吸引外来资源，进一步提升社区发展等。

虽然二者的建设路径相似，但是成效却存在差异。花都社区成立至今，已成为台胞社区成功打造的样本之一；而台康社区从某种意义上来看，仅处于台胞社区的雏形阶段，其原因有三：一是建设时间较短，二是台胞数量不足，三是社会环境欠缺。

（一）发展途径

从社区发展途径来看，从目标、参与者、方法和角色等几个方面进行比较（见表 4-13）。

表 4-13　社区发展途径比较

	社区发展途径	台康社区	花都社区
目标	促进社区自主性	打造台胞之家	“善爱融合一家亲”和谐家园
参与者	由社区自行界定以符合需求	社区工作人员、少数居民	社区工作人员、社区居民、志愿者、公益组织
方法	产生创意及合作的过程	直线型单一式	星型发散式
角色	专家，以非命令的方式进行协助	旁观者、指导者	参与者、执行者

台康社区和花都社区处于不同的社区发展阶段。台康社区正处于形成和发展阶段；而花都社区已经趋于成熟，社区管理和活动以及人员配置等均呈现出制度化、常规化和规模化的特点。一个成功的台胞社区的

生命周期如图 4-6 所示。

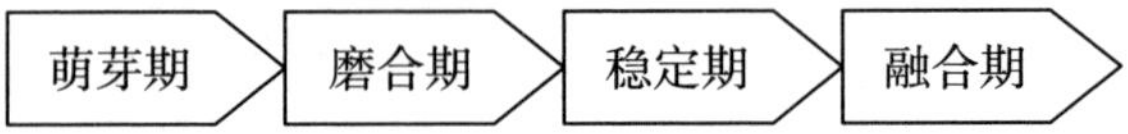

图 4-6　台胞社区生命周期图

在上述生命周期中，台胞社区的最显著特色是台胞成员。因此，在建设台胞社区时，增加台胞数量成为台胞社区的出发点。从两个案例社区来看，台胞数量差别较大。在两个案例社区的调研中，常听到的一个词为“归属感”。从某种意义上来看，台胞社区的生命周期也应是归属感的找寻和构建的过程。归属感随所处的生活、社会、经济等方面的变化，会呈现出“较弱—冲突—说服—重塑”的演进路径。昆山花都社区经过十多年的努力，已经较好地实现了新昆山人归属感的重塑，而平潭台康社区仍处于归属感的构建过程中。

（二）行动途径

从社区行动途径来看，也从目标、参与者、方法和角色等几个方面进行比较（见表 4-14）。

表 4-14　社区行动途径比较

	社区行动途径	台康社区	花都社区
目标	为社区利益及政策奔走	两岸同胞共同家园	台胞第二个家园
参与者	具有一定组织化的团体	社区人员、少数居民	社区内外志愿者团体
方法	在明确的议题上采取参与策略	被动	主动、制度化
角色	行动者/组织者，为政治行动展开动员	执行者	策划、推广、参与者

在台胞社区的建设和发展过程中，台胞需求要素往往需要与当地居民的和谐发展相互融合，不能过分强调台胞元素而忽视本地居民的需求，要通过多样化的活动和沟通方式增加社区成员间的情感和联系。同时，台胞社区是以共同体为建设目标，但是文化要素和经济要素却是台胞社区共同体的心理支撑和经济基础，因此在构建中需要针对社区内所有的成员（不仅仅是台胞成员），深入强化他们对社区的文化认同，只

有这样，才能通过文化认同来提高居民在社区建设相关领域中的参与度和积极性。台康社区中台胞成员租户占比大，在共同体的打造中，较难充分调动大家的积极性；而花都社区通过各方的努力，社区参与比例较高。

（三）服务途径

从社区服务途径来看，也从目标、参与者、方法和角色等几个侧面进行比较（见表4-15）。

表4-15　社区服务途径比较

	社区服务途径	台康社区	花都社区
目标	发展以社区为导向的组织与服务	共同家园、同胞融合	精神家园、生活乐园
参与者	组织/服务使用者为伙伴关系	社区工作人员、少数居民	社区工作人员、社区居民、志愿者、公益组织
方法	扩大社区及使用者参与及组织间连结	不定期的活动	“十个节日”“十支队伍”“十个平台”“十项机制”和“十处景致”等工作举措
角色	服务管理者，重新建构交易或传送过程	执行者	熟人社区、自主管理

在社区服务途径方面，花都社区组建以社区工作人员为基础、以志愿者团队为主力、以公益组织为辅助的服务团队，并通过自主治理的方式来充分发挥社区居民的自主性，进而形成了完整的社区服务体系。这种体系使得社区运作的各个组成部分之间相互促进，共同推动社区的整体发展。相比较而言，台康社区虽也在服务方面持续努力，但在社区福利、社区沟通、社区构建等活动之间尚未形成有效的互动融合联结机制。

四、对推进平潭两岸融合发展的启示

通过对平潭台康社区与昆山花都社区两个台胞集中居住社区的比较分析，不难看出处于成熟阶段的台胞社区建设和管理是以居民为主体，以社会公益团体为组织依托，充分动员政府、企业、居民等多方力量投入，真正实现了多方协作；而处于建设阶段的台胞社区的参与力量与组织建设则相对薄弱。成熟的台胞社区通过对社区资源的统筹优化配置，将一些社区管理和运作中的经验形成了制度化的文件，并在常规管理过程中付诸实施；而建设中的台胞社区却面临着管理理念等冲突而导致台胞外流的现状，以至于陷入台胞成员比例过低和台胞元素过分夸大的双重困境。同时，由于建设中的台胞社区暂时没有较完善的规划和布局，使得在具体的社区管理和运作中呈现出后劲不足的状况。

通过对这两个社区的实地调研和比较分析发现，昆山花都社区在两岸融合发展方面的一些做法和经验值得平潭借鉴：

第一，确立一个明确的“符号”。昆山政府将打造台胞“精神家园”或两岸同胞“共同精神家园”作为昆山两岸融合发展的目标和主题，具体是这样描述的：以经贸为基础、文化为纽带、活动为载体、制度为保障、服务为根本，全力打造以“宜业、宜居、包容、认同”为特质的台胞在大陆的“精神家园”，增强台商和广大台胞对大陆的归属感和认同感，使昆山成为海峡两岸融合发展、合作共赢的示范区。[①] 用“共同精神家园”为标识，来引领与教育在昆台胞和当地民众的相向融合，来指明政府部门、机构和社会团体推进两岸融合的工作方向。这一昆山两岸融合符号，含义明确，表达简洁，传播有力，值得平潭借鉴。

第二，制定一套“组合拳”政策。昆山市政府推出“五大工程”：一是家园意识深化工程（让台商以此为家，希望台商以主人翁的意识参与到各种事务中，政府出台相关意见前也会咨询台胞意见）；二是文化发展融合工程（在昆山当地融入台湾文化元素）；三是节庆活动品牌工程（如举办两岸灯会、两岸文化交流月等活动）；四是台企发展优化工程（支持台企转型升级，鼓励台企将总部设在昆山）；五是公共服务保障工程（增强台胞对大陆的归属感和认同感）。这五大工程中前三大工程都与促进台胞在地融合发展直接相关。

第三，营造一个类似“小台北”的环境。昆山将自己打造成台湾同胞非常熟悉的环境。记者们是这样描述的：“走进昆山，台湾元素扑面

---

① 王伟健：《江苏昆山营建十万台胞的“精神家园”》，《人民日报》2012 年 11 月 12 日。

而来：富有韵味的‘台湾腔’，正宗的台湾美食，饱含台湾印记的文创产品，丰富的两岸文体活动……”“慧聚寺的妈祖文化，让台商有了精神寄托；大街小巷随处可见的两岸咖啡、林家肉圆，让‘小台北’变得名副其实；台湾宗仁卿医院、华东台商子女学校，化解每一位台商最关心的生活问题……”

第四，建立一个坚实的经济融合基础。昆山台胞密集区的形成路径是先产业后社区，它在产业方面具有后发优势，产业发展错位于大陆另一个更早发展起来的台胞密集区——东莞，同时也得益于其靠近上海的区位优势。经济深度融合为昆山社会融合提供了厚实的基础。

第五，打造一个人情味足的社区。在田野调查中，笔者深深为花都社区的浓浓人情味所打动。花都社区推进“昆山新桃米花都社区营造项目”①。该项目包括：

(1) 社区营造主题：新桃米·新空间、新桃米·新文化、新桃米·新组织、新桃米·新居民、新桃米·新传播；

(2) 社区文化营造活动：育儿文化、饮食文化、礼仪文化、民俗文化；

(3) 社区空间营造活动：绿色空间、金色空间、银色空间、七彩空间；

(4) 社区营造队伍：社区居民参与社区营造，促进居民融合与认同，提高社区凝聚力。截至 2015 年 8 月底，新桃米花都社区营造项目累计服务人次达 2493 次，开展活动 148 场。2016 年开始，花都社区启动“益老益小、为爱联盟——动迁及新昆山人社区家庭模式营造项目”，包括日日心相联、亲子爱相联、老幼邻相联、智慧互相联等活动，服务社区 0～15 岁家庭 400 余户，服务 12630 人次。

总体来说，昆山两岸融合发展中最有价值的经验，就是融合发展从社区做起，这也是值得平潭在两岸融合发展过程中学习和借鉴的。

---

① 该项目是乐仁乐助社会创新机构推动实施的社工实务项目。其中“新桃米”一词来源于台湾的社区营造典型南投埔里桃米社区。桃米社区的社区营造理念是：由下而上、社区自主、自动自发、居民参与、资源共享、整体规划、永续经营。

第五章　深化平潭两岸融合发展的对策建议

本章在前一章从不同角度、应用不同方法对平潭两岸融合发展进行实证分析的基础上，围绕深化平潭两岸融合发展的对策建议进行探讨。首先，建构一个系统、完整的对策体系，确立系统思考和系统推进的战略思维。其次，分别从两岸经济融合、社会融合、文化融合等领域，阐述平潭在两岸各领域融合发展中的特殊性，进而提出推进平潭在两岸各领域融合发展的相关对策建议。平潭要发挥“全国唯一对台综合实验区＋自贸试验区＋国际旅游岛”的综合优势，围绕经济融合、社会融合、文化融合等领域，探索系统化、差异化创新改革，奋力谱写两岸融合发展示范区建设的平潭新篇章。

第一节　平潭两岸融合发展对策体系

为系统、持续推进平潭两岸融合发展，要树立系统性、前瞻性的战略思维和整体思维，构建一个科学、合理、可行的对策推进体系。平潭两岸融合发展对策体系由发展目标、发展原则、总体思路和对策体系模型构成。

一、平潭两岸融合发展目标

平潭两岸融合发展目标是：把平潭综合实验区建成一个开放、包容、友善、平等的开放社区，平潭成为包括台湾同胞在内的平潭所有居民群体的共同和睦社区、两岸融合发展先行实验区，为实现两岸共同家园示范区的终极目标打下坚实基础。

澳前台湾小镇（念望舒　摄）

二、平潭两岸融合发展原则

平潭两岸融合发展应该遵循如下几个原则：

一是多元并存原则。随着平潭开放开发不断推进，越来越多台胞、来自大陆不同地域的人员、来自世界不同国家的人员来到平潭，这些具有不同背景的群体都应该互相包容、求同存异。在平潭居住的每个群体都应得到同样的尊重，构建出一个多元群体文化并存的融合发展大格局。

二是传统与现代兼容原则。一方面，中华优秀传统文化是平潭综合实验区的基因，也是两岸同胞文化认同的最大交集，它是平潭两岸融合不可动摇的根基，这是传统含义。另一方面，平潭应打造现代化的国际旅游岛，现代化意识与氛围是平潭两岸融合发展的重要色彩，这是现代含义。在平潭，中华优秀传统文化应该闪烁灿烂的现代化光芒，同时现代化进程应该融入浓浓的中华优秀传统文化色彩。

三是本土化与国际化互补原则。一方面，坚持台湾海峡特色、中国特色是平潭两岸融合发展的本色，这是本土化含义。另一方面，平潭要建成国际化社区，持续开放、更大开放是平潭要坚持的发展方向，这是国际化含义。平潭要建成一个具有台湾海峡特色、中国特色的高度国际化社区。

四是三大融合互动共进原则。平潭的两岸经济融合、两岸社会融合、两岸文化融合都处于深化发展阶段，平潭这三大融合要并行推进，力争形成互补共振效应，加快整体融合发展进程。

五是本地居民主动参与原则。平潭从几乎都是本地居民生活的社区，要在很短时间内发展成为接纳来自不同地区的居民等多群体融合的新社区，这对平潭本地居民来说，既是一个巨大的挑战，更是一个光荣的责任。平潭本地居民群体应该有强烈的历史使命感，积极主动参与这个千年一遇的平潭开放发展进程，要明白自己既是本岛主人，同时也是这个历史变迁的最大受益者。

六是以国际融合推动平潭两岸融合发展原则。两岸关系的起起伏伏，影响平潭两岸融合发展的进程。加快平潭全球开放步伐，加大平潭与国际社会的融合度，反过来将能有效减轻两岸融合发展的波动幅度。换言之，国际融合是平潭两岸融合发展的强力助推器。习近平总书记2014 年考察平潭综合实验区时提出的“平潭是闽台合作的窗口，也是国家对外开放的窗口”的“两个窗口”论已深刻表明了这一战略含义。

三、平潭两岸融合发展总体思路

平潭两岸融合发展总体思路是：平潭两岸融合以推进两岸和平发展，实现两岸和平统一为宗旨，以构建两岸同胞共同家园、两岸融合发展示范区为目标，以建设国际旅游岛为融合载体，以中华优秀传统文化传承为融合主线，国际化、现代化、生态化和品位化等“四化”合力，经济融合、社会融合、文化融合等“三融”并进，包容、友善、美丽、宜居等“四特”凸显，齐心协力将平潭建设成一个两岸同胞深度融合的和睦幸福社区。对这一总体思路诠释如下：

推进两岸和平发展、实现两岸和平统一是“因台而设”的平潭综合实验区的宗旨，它也必然是平潭两岸融合发展的宗旨。

平潭综合实验区是对台先行先试区域、两岸同胞共同家园，在追求两岸和平发展、实现两岸和平统一的终极目标进程中，平潭承担两岸融合发展先行先试的任务，所以平潭两岸融合发展的目标是建成两岸共同家园示范区、两岸融合发展示范区，为更大场域推进两岸融合发展、建设共同家园树立示范样本。

国际旅游岛建设将给平潭带来最大的开放度和最宽松的科学发展、融合先试的空间，国际旅游岛将为平潭两岸融合发展创造最佳环境。

两岸同胞对中华文化都有很高的认同度，把握中华文化传承这条主线，能使平潭具备有别于其他国际旅游岛的“中国特色”。

对平潭综合实验区而言，国际化、现代化、生态化和品位化既是发展方向，又是发展途径。对平潭两岸融合发展来说，上述“四化”合力既是平潭融合力的“加强版”，又是平潭融合的“助推器”。这里要特别强调“品位化”概念，平潭品位化发展，就意味着一个原来的偏远渔村要在短时间内脱胎换骨成为现代化、国际化社区，这一点尤其重要。

“三融”体现了平潭两岸融合发展的系统。经济融合是平潭两岸融合发展的保障，社会融合是平潭两岸融合发展的平台，文化融合是平潭两岸融合发展的根本，它们构成平潭两岸融合发展不可或缺的三个重要组成部分。这三个部分只有齐头并进，平潭两岸融合才能提速发展、拓宽加深。本章将在这三个领域提出推进平潭两岸融合发展的具体对策建议。

包容、友善、美丽、宜居理应成为平潭两岸融合社区的四大特征。在平潭，来自海峡两岸和世界各地的居民都有一个能容纳天下的大胸怀，对来到平潭的每一个人都持“不亦乐乎”的友善态度，平潭的美丽环境让人流连忘返，海岛平潭要成为最适宜两岸同胞居住的地方。

四、平潭两岸融合发展对策体系

整合上述平潭两岸融合发展思路，加上平潭两岸经济融合、社会融合、文化融合三大融合发展领域的重点对策建议，以下建构平潭两岸融合发展对策体系模型（见图 5-1）。

平潭两岸融合发展对策体系由三个层次构成，由里而外分别是目标

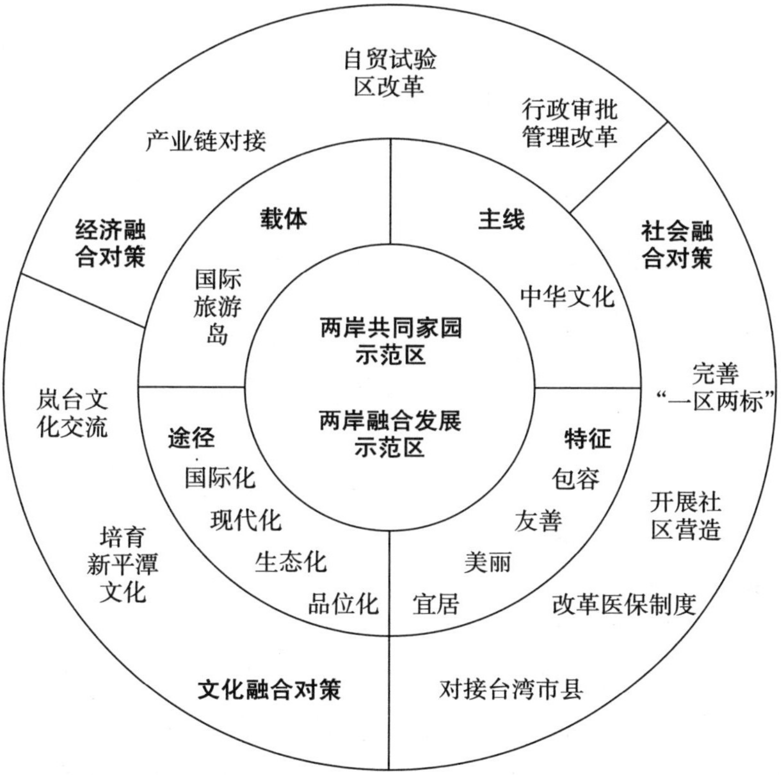

图 5-1 平潭两岸融合发展对策体系模型

层、结构层和对策层。

一是目标层。平潭两岸融合目标是要将平潭打造成两岸融合发展示范区，开展先行探索，积累经验，为更大范围推进两岸融合发展提供样板，进而推进平潭两岸同胞共同家园示范区建设。

二是结构层。平潭两岸融合发展对策体系结构包括四个方面，分别是：融合载体——国际旅游岛的建设；融合主线——中华优秀传统文化的传承；融合途径——国际化、现代化、绿色化和品位化的推进；融合特征——包容、友善、美丽、宜居的培育。

三是对策层。平潭两岸融合发展对策主要包括经济融合、社会融合、文化融合三大领域中的推进思路与对策建议。本章聚焦平潭在两岸融合发展各领域最突出、最重要的方面，以专项对策设想方式进行讨论。在经济融合发展领域中，提出强化三链对接、深化平潭自贸试验区建设和深化平潭行政审批管理改革三方面专项对策建议；在社会融合发展领域中，提出完善“一区两标”模式、借鉴台湾经验开展社区营造、对接台湾健保做法改革平潭医保制度、推进平潭与台湾市县对接四方面专项对策建议；在文化融合发展领域中，提出培育新平潭文化和强化岚台文化交流两方面专项对策建议。

五、深化平潭两岸融合发展的总体建议

《中共中央 国务院关于支持福建探索海峡两岸融合发展新路 建设两岸融合发展示范区建设的意见》要求福建在经济融合、社会融合、文化融合和全域融合各个方面深化探索。两岸融合发展示范区建设是一项全新的系统工程，平潭作为两岸融合发展示范区的重点区域，需要在各个方面各个领域全力推进。

一是要强化系统观念，完善两岸融合发展示范区有机系统。

第一，统筹两岸融合发展与高质量发展系统大局。一方面，在中国式现代化进程中，高质量发展创造了经济快速发展和社会长期稳定的奇迹，高质量发展将为两岸融合发展创造更大的空间和活力，从而更好推动两岸融合发展。另一方面，两岸融合发展示范区建设将推动两岸社会、经济、文化等领域优势互补、深度融合，在两岸融合发展过程中将进一步提升各领域发展质量，更好推动中国式现代化发展，更好推进祖国统一大业，更好服务中华民族伟大复兴。在融合中发展，在发展中融合，促成融合发展与高质量发展互相促进、相得益彰的发展格局。

第二，全面完善两岸融合发展示范区建设系统内涵。一方面，两岸融合发展示范区建设涵盖社会融合、经济融合、文化融合等领域，每个领域又都包含诸多方面，这些正是两岸融合发展示范区建设的首要任务。另一方面，社会融合、经济融合、文化融合虽然各有边界，但又是相互关联、相互影响、相互促进的，平潭在建设进程中要做好整体规划，充分发挥不同领域融合的正向外部效应，形成各领域一体推进、互融共促的发展格局。

第三，发挥释放示范区不同区域间的系统协同效应。一方面，树立全局系统意识，进一步做好示范区建设空间布局的统筹规划，强调全域

融合发展格局并非重点区域与其他区域的简单相加。另一方面，在推动平潭全域融合发展的同时，也应在平潭重点区域开展融合发展先行试点，同步推动重点区域与其他区域之间的全域空间合作，整合全域资源，形成全域齐发、有序推进、合作互补、各具特色的全域融合发展新格局。

二是要强化合作观念，推动两岸融合发展示范区合作共建。

第一，强化两岸同胞合作共建过程。一方面，两岸同胞都是融合发展示范区建设的重要主体，只有平潭民众和台湾同胞都愿意主动投入，才能形成正向合力。在两岸融合发展示范区建设过程中，要深化两岸同胞沟通，准确把握、精准调试、合理优化两岸同胞参与示范区建设的内在动机。另一方面，融合发展还存在一个“认知—情感—行为”的渐进演化过程，这三个阶段也是相互关联、相互影响、相互作用的，在两岸融合发展示范区建设过程中需要密切关注融合发展主体的适应与变化状况，从不同角度将融合发展引向深入。通过合作化建设，两岸同胞在融合发展中求同存异、化异为同，形成和睦相处的共同体，进而促进其在国族认同等方面达成共识。

第二，强化各领域各部门合作共建过程。两岸融合发展示范区建设涉及社会、经济、文化等领域，这些领域的建设工作涉及不同区域、不同部门、不同机构。不同领域的融合发展、不同部门的工作任务，既有其特殊性，也有其一般性，还有其相关性。在两岸融合发展示范区建设过程中，平潭要消除各领域、各部门之间的信息孤岛现象，要在各部门政策、各机构行动上形成互补与合力。

第三，强化各区域合作共建过程。从空间维度看，在两岸融合发展示范区建设过程中，要形成区域一体化融合发展，极为现实的一个问题就是要注意避免不同区域之间出现政策内耗、行动内耗的“外部不经济”现象。为此，平潭要提高政治站位，从全局全域高度谋划本区域融合发展重点工作，提高政策实施的整体性和精准度，在横向空间上构建不同区域互联互通、互帮互助的融合发展新格局。

三是要强化质效观念，实现两岸融合发展示范区建设规划目标。

第一，有效突破两岸关系瓶颈。当前之所以选取在福建这一特定区域推动两岸融合发展示范区建设，正是基于现阶段特殊两岸关系形势考虑作出的“以我为主”的决策。尽管如此，两岸融合发展仍将面临台湾当局的诸多干扰，平潭需要基于两岸融合发展示范区这一社会系统的整体规划，采取灵活、可行策略进行推动。例如，在目前两岸官方沟通机制停摆的背景下，两岸共同市场建设领域可以率先推动平潭单方面开展先行区建设探索，由此掌控两岸融合发展的主动权。

第二，有效提升建设质量。一方面，平潭要强化两岸融合发展示范区建设成效评估，运用 PDCA 循环圈（Plan 计划—Do 执行—Check 检查—Action 行动）闭环管理理念，制定科学、合理的评价指标体系，针对不同区域和整体全局不同层面，定期对示范区建设成效进行阶段性评估，发现不足、不断改进、持续完善，以评估评价带动政策优化，提高融合发展要素资源的布局合理性和要素资源的配置效率。另一方面，平潭要强化标杆超越创新建设观念，两岸融合发展示范区建设要广泛借鉴广东、江苏等地近年来在两岸融合发展领域取得的诸多成功经验，在“他山之石”基础上，对标超越，创新实践，迈出更大步伐。

第三，有效推广示范。一方面，平潭要强化两岸融合发展示范区制度机制建设，在建设成效定期评估复盘基础上，及时总结、提炼、提升建设实践经验，推进示范区制度机制建设，进而形成系列规范，推动相关立法，建立两岸融合发展示范区建设机制的有效维系模式。另一方面，平潭要突出示范区的全局性和前瞻性，超越福建区域的局部思维与视野，将两岸融合发展的成功经验复制延伸到其他区域，推动两岸更大场域、更宽领域的深度融合发展。

第二节　深化平潭两岸经济融合发展的对策建议

由于平潭的原有基础条件、自身特殊区位和区域对台定位，使平潭在两岸经济融合发展领域呈现出其特殊性：一方面，因为原有基础薄弱，致使平潭在两岸经济融合发展领域面临一系列挑战；另一方面，由于平潭的特殊区位和对台定位，又赋予了平潭在两岸经济融合发展领域一系列政策优势。本节在对此进行理性分析的基础上，进一步从两岸产业链、价值链和供应链三链对接，深化平潭自贸试验区建设，以及深化平潭行政审批管理改革等方面提出相应的对策建议。

一、平潭两岸经济融合发展的特殊性

平潭两岸经济融合发展的特殊性主要体现在两个方面：

一方面，经济融合产业基础相对薄弱。平潭与东莞、昆山差异较大，后二者属于台商投资密集区域，都是由产业对接来带动产业融合，进而带动其他领域的两岸融合，先经济融合，而后社会融合、文化融合的途径清晰。由于平潭经济基础薄弱，原有产业对接台湾产业能力不强，致使平潭两岸经济融合发展面临系列挑战，融合发展步伐不如预期。两岸经济融合发展方面也正是平潭与东莞、昆山最明显的不同之处。

另一方面，经济融合前沿区域优势明显。平潭作为对台前沿平台，在特殊区位和政策的支持下，加上近年来平潭开放开发的加持，平潭在两岸经济融合发展领域也具有一些明显的优势。

一是两头对接的地理位置和规模适中的海岛地理条件。平潭位于台湾海峡之中的大陆经济区与台湾经济区交界，为两岸产业链的对接提供了一个天然的节点区域，不管是物流通道、途中仓储、运输中转，还是资讯获取、市场观察等，平潭都具有比其他区域更多的便利条件。平潭海坛岛具有后发优势，容易创造出更有效、更聚焦、更具特色的与岛外产业和经济对接的条件。

二是快速发展的基础设施。自平潭开放开发以来，基础设施建设投入速度前所未有，基础设施相当滞后的后发优势为平潭基础设施快速优化创造了条件，在这里能一步到位建造最现代化的路、桥、港和水、电、通信等设施。平潭公铁大桥，加上不断扩大的海港码头，将创建进出台湾海峡最便捷的通道。

三是区域定位的强力支持。平潭的“一岛两窗三区”（国际旅游岛，闽台合作窗口和对外开放窗口，新兴产业区、高端服务区和宜居生活区）的战略定位为平潭两岸经济融合发展提供了多方位的接口。

四是产业结构特色初见雏形。2011年国务院批准的《平潭综合实验区总体发展规划》为平潭规划的产业结构是：

(1) 包括电子信息、新材料和新能源等在内的高新技术产业；

(2) 包括现代物流、商贸流通、金融、文化创意、会展等在内的现代服务业；

(3) 包括精致农业、海产品深加工、海洋生物科技等在内的现代海洋产业；

(4) 包括滨海度假、文化旅游、休闲养生等在内的现代旅游产业。

经过数年的努力，平潭的发展从以基础设施建设为重心，开始转向以特色产业体系建设为重心，平潭特色化产业发展思路越来越清晰。2017年初平潭综合实验区出台“5＋2”产业发展实施意见方案，其中五个优先发展的特色产业为旅游文化康体、金融、航运物流、建筑、风能产业，两个重点培育的特色产业是会展和电子信息产业。随着平潭的开放开发，2024年平潭政府工作报告中“培育发展新质生产力，持续在构建现代化产业体系上再聚焦、再突破”一节，强调了四大产业——数字经济、绿色经济、海洋经济、生物医药，这些为新时期平潭两岸经济融合发展指明了着力方向。

二、深化平潭两岸经济融合发展的对策建议

（一）推进两岸产业链、价值链和供应链三链对接

1. 两岸产业链对接：加大“大陆—平潭—台湾—国际”旅游产业链的延展深度与对接强度

2014年11月1日，习近平总书记视察平潭时，指出“旅游是平潭最大资源，一定要好好保护，建设国际旅游岛”。2016年，国务院发布《关于平潭国际旅游岛建设方案的批复》，提出把平潭建设成为经济发展、社会和谐、环境优美、独具特色、两岸同胞向往的国际旅游岛的建设目标。

旅游产业是平潭正在构建的现代产业体系中最重要的主导产业。同时，平潭旅游产业也是平潭推进两岸产业对接、经济融合发展的重点领域。台湾旅游业的生活文化旅游和康养旅游等领域发展早于也优于大

陆，国际开放程度较高。要以创建平潭国际旅游岛为契机，充分发挥平潭在两岸旅游体系结构中链接两岸的特殊节点优势，推进平潭旅游业与大陆旅游业、台湾旅游业的双向产业链对接，进而对接国际旅游产业链体系。

平潭国际旅游岛建设方案的“一廊两环五区”发展格局中的“一廊”即海峡旅游廊道，要“发挥平潭连接两岸重要桥梁和纽带作用，完善旅游便利化政策，将平潭至台湾打造成为游客往来两岸的重要走廊和通道”。随着平潭公铁大桥的建成，高铁上岛，经由平潭到大陆各地旅游景区的时空距离明显缩短，继续坚持海上旅行低票价策略，配置更高等级的海峡运输船只，努力开辟更多平潭到台湾沿海市县的新航线，以持续改善海峡旅游通道的硬件条件；不断优化通关便利性，提升服务人员素质与能力，推进智慧通道建设，创建平潭大陆旅游服务中心，直接为台湾游客提供大陆各省区和各主要景区旅游服务机构对接服务等，以持续改善海峡旅游廊道的软件条件；精心安排旅客在平潭岛逗留期间的旅游观光活动环节，让他们更好体验到平潭国际旅游岛的良好服务；健

第七届“海洋杯”中国·平潭国际自行车赛嘉年华（江信恒 摄）

在平潭举办的风筝冲浪赛事（念望舒　摄）

全旅游服务体系，创新旅游监管模式，建立与国际通行规则相衔接的旅游服务标准体系。

加快开发台湾海峡特色的海岛旅游、海峡旅游产品体系，构建大陆旅游产业链延伸端。平潭国际旅游岛与海南国际旅游岛是大陆同时推进的两个国际旅游岛。海南国际旅游岛位处南海，其发展定位是建设世界一流的海岛休闲度假旅游目的地和我国旅游业改革创新的试验区，其旅游产品体系以海南文化为特色，主打“海岛旅游＋休闲度假旅游”，并借用了博鳌亚洲论坛概念成功开展 IP 营销。“海岛旅游”也同样是平潭国际旅游岛的建设重点，与此同时平潭还要强调突出“对台”“台海”“闽台”等概念，大力发展海峡旅游项目来丰富平潭海岛旅游的内容，发展与海南海岛旅游明显错位的平潭海岛旅游产品体系。平潭打造国际赛车岛及国际赛车嘉年华赛事 IP，举办国际风筝冲浪赛、国际自行车赛、U18 女子垒球亚洲杯、亚洲沙滩排球锦标赛等，向世界展现激情与魅力。引进有台湾特色、高端服务特色的旅游服务产品，充分借用台湾高端旅游服务优势，精心制定和实施加快发展康养旅游、美容旅游等平潭旅游专项规划，把平潭国际旅游岛打造成具有台海特色的康美旅游新高地，更好推进与台湾旅游产业链的延伸对接。可以考虑在平潭挑选数个无人岛，建造康养旅游岛、美容旅游岛等专项特色旅游区，邀请台湾及国际康养专家、美容机构负责运营，将康美旅游打造成平潭海岛旅游的一张重要名片。

平潭台湾创业园（念望舒　摄）

平潭着眼于完善国际邮轮和游艇等业态，大力开展招商引资和产业合作，打造差异化旅游体验。船、港、城联动发展，让海上旅游业态越来越丰富；环岛游、城际游、国际游，让海上旅游半径不断延伸。2024年以来，平潭开通5条国际邮轮航线，共搭载8300余名游客出境旅游；开通1条城内邮轮航线，截至目前，共接待4个航次1942名游客入境旅游。作为国际旅游岛，2023年平潭游客接待量突破1000万人次。2014—2024年，平潭旅游接待人数、旅游收入年均分别增长21.9%、40.6%。

2. 两岸价值链对接：依托区域总部经济平台，推进两岸企业价值链对接

企业总部处于企业管理体系的高端，是企业价值链的核心节点。应充分发挥平潭区位、特殊政策和营商环境等优势，积极争取两岸企业到

平潭跨境电商园（念望舒　摄）

平潭设立企业总部机构、企业区域总部机构、企业智能总部机构、企业营销总部机构或设立具有独立法人资格的子公司，尤其是要大力培育和发展金融服务、现代物流、国际会展等服务业总部企业。要着重争取世界500强企业、中国500强企业、中央直管国有（控股）企业、中国民营企业100强企业、台湾“100大”企业和福建各类大中型企业到平潭设立各种类型的总部机构和子公司。要持续完善总部经济扶持政策，发挥平潭发展基金杠杆作用，用好“一区两标”的管理创新模式，争取更大的开放授权，吸引更多总部型企业入驻。同时，要进一步加快建设两岸特色金融集聚区，为总部经济发展提供优质、高效的服务。

3. 两岸供应链对接：构建现代物流业通道，推进两岸供应链对接

要充分发挥平潭海上运输、对台政策和全岛港区三大优势，借力台湾链接国际物流体系优势，大力培育和延伸“大陆—平潭—台湾—国际”现代物流产业链，以现代航运体系提高物资流效率，以工业智能体系提高港口储运效率，以现代智慧体系提高信息流效率，以现代金融体系提高货币流效率，以现代管理体系提高运营效率，以大力发展“电商＋快件”强化平潭物流产业特色优势，将平潭发展成为台湾与大陆物流业的重要连接点和两岸特色物流主通道。持续念好平潭综合实验区管委会

提出的推进平潭现代物流通道建设的“八字经”：关——简化优化关检；线——建设黄金通道；仓——完善仓储布局；配——配套设施服务；管——改革优化管理；商——招引物流电商企业；补——用好补贴政策；业——打造有活力的产业。同时，打造平潭物流产业的服务“五最”目标和品牌：成本最低、通关最便捷、交货最准时、服务最配套、政策最优惠，持续做大做强平潭现代物流业，推进两岸物流业的深度对接。

（二）深化平潭自贸试验区建设，推动岚台经济融合发展

平潭两岸经济融合发展的核心要素是其对台商、大陆企业和外商的吸引力。平潭原是一个不大的海岛县，本岛市场无法构成强吸引力要素，而营商自由度和支持营商政策的力度则成了关键性因素。平潭在开放开发过程中，应以自贸试验区建设为载体，深化改革开放，消除两岸融合发展中的障碍阻力，深化岚台经济融合发展。

平潭金井港区（念望舒　摄）

2014 年 12 月 12 日，国务院决定设立由福州片区、厦门片区和平潭片区组成的中国（福建）自由贸易试验区，目标是“充分发挥改革先行优势，营造国际化、市场化、法治化营商环境，把自贸试验区建设成为改革创新试验田；充分发挥对台优势，率先推进与台湾地区投资贸易

自由化进程，把自贸试验区建设成为深化两岸经济合作的示范区”。对平潭来说，现有的自贸试验区平台还无法充分发挥其自身独特优势，以更好承担其推进两岸融合发展的历史重任，未来平潭营商环境优化的战略方向、推进途径与工作重心就是要加快打造国际化、市场化、法治化的一流营商环境。

平潭是目前我国唯一依托海岛，进行全岛封关安排的自由贸易试验区，这一平台条件使平潭具备了自由贸易港的基本要求。2014 年 5 月 16 日，平潭全岛封关通过国家部委联合验收，成为全国面积最大的特殊海关监管区域。其政策核心体现在“一线放宽、二线管住、人货分离、分类管理”的分线管理模式，被视为平潭“比特区更特”的特殊政策优势，也就是说平潭比全国其他自由贸易试验区更具特殊优势。

为促进平潭自贸试验区发展，提出以下重点建议：

第一，吸纳香港自由贸易港经验，借鉴海南自由贸易港建设做法，加快平潭自贸试验区建设。依照自由贸易港的评估维度体系，全面逐一分析香港自由贸易港做法，紧跟海南自由贸易港建设进程，结合平潭自贸试验区建设的具体条件，确定出哪些是可以直接移植的，哪些需要作出相应调整后导入，建构起平潭自贸试验区改革的体系框架，促进平潭

平潭金井湾新貌（念望舒　摄）

自贸试验区建设升级。

第二，凸显对台特色，凸显现代特色，增强对台湾贸易商、国际贸易商的吸引力。平潭自贸试验区的对台特色可以说是“与生俱来”，在不断探索平潭自贸试验区改革的基础上，要很好体现对台湾贸易商更为优惠、更为便利的政策倾斜。推进全岛生态化、智慧化和现代化，打造全球最现代的自贸试验区形象。

第三，在比照国际建设经验和对平潭条件客观理性分析的基础上，推动平潭自由贸易试验区建设提升。2018 年 3 月 28 日，中央全面深化改革委员会第一次会议通过的《进一步深化中国（福建）自由贸易试验区改革开放方案》提出：“到 2020 年，率先建立同国际投资和贸易通行规则相衔接的制度体系，形成法治化、国际化、便利化营商环境，打造开放和创新融为一体的综合改革试验区、深化两岸经济合作示范区和面向 21 世纪海上丝绸之路沿线国家和地区开放合作新高地。”平潭要按此要求，进行精心规划，在深化改革开放进程中，推动平潭自贸试验区向更高层次发展。

（三）借鉴台湾经验，深化平潭行政审批管理制度改革

台湾行政审批管理领域的一些理念和做法值得平潭借鉴。平潭要持续推进行政审批管理制度改革，融合两岸行政审批管理制度优势，打造服务台胞台企的高效化、法治化环境。①

1. 借鉴台湾行政审批管理改革的有益经验

第一，借鉴台湾公共行政“四化”理念。

台湾公共行政“四化”是指“去任务化、地方化、法人化、委外化”四个方面的策略。“去任务化”是指梳理行政部门不再需要过问的政策业务内容，在行政管理审批上就是指要梳理出那些不需要行政审批项目和事项内容。“地方化”是指上级对下级部门的授权管理，在行政管理审批上就是指要把那些由地方管理更为合适、高效的事项，通过上级授权，下放给地方和基层管理。“法人化”是指在行政机关中引进和

① 罗海成：《平潭综合实验区行政审批管理改革研究——基于台湾经验借鉴视角》，《闽台关系研究》2015 年第 3 期。

推行“企业化”运作模式，在行政管理审批上就是指要完善审批流程和服务质量，提升政府机关服务的效率与效果。“委外化”是指委托民间机构和团队承担某些政府事务，在行政审批管理上就是指将某些事务，如部分审批事项和部分事中、事后监管工作委托中介机构负责。

从某种意义上说，上述“四化”就是台湾行政审批管理等公共行政改革的基本精髓。也就是说，为了因应自由化、市场化的经济发展需求，对于因形势变化不再适合行政机关完成，而民间办理更高效的那些行政任务，鼓励不再由行政机关实施，而是交由民间部门实施，鼓励民间中介机构提供服务。

对于平潭综合实验区行政审批管理改革来说，可以借鉴台湾公共行政的“四化”理念，梳理出哪些是不需要再审批的项目和事项，政府不再审批；梳理出哪些事项是上级政府可以授权基层审批管理的，尽快实行授权管理；梳理出哪些业务是可以委托民间中介机构完成的，委托有资质的合格的社会机构承担；梳理出哪些审批环节是可以进一步优化的，尽快采取措施优化行政审批程序。

第二，借鉴台湾以需求为导向的行政审批管理模式。

台湾行政机构在行政审批及服务方面推行“顾客导向”，台湾一些政策研究机构和企业部门都呼吁在平潭行政审批管理改革中应对台胞和台企的实际需求给予高度关注和了解。

平潭与台中具有海上直航的便利条件，可以在产业经济方面开展深度合作。同时，平潭方面应为台胞和台企提供他们认为最为重要的便利条件和环境。例如，台中中部科学工业园区管理局采取单一窗口服务机制，负责所有与企业相关的投资、工商、营建、建管、资讯、环保、劳资等服务项目。这种单一窗口服务机制在台湾普遍实施，值得借鉴。

第三，借鉴台湾行政审批授权管理模式。

授权管理模式是台湾行政审批管理的一项创新，值得平潭深入研究和创造性借鉴。

在台湾，科学工业园区隶属于“科技部”，但在各科学园区的行政审批事项方面，“科技部”均直接授权委托所属科学工业园区管理局负责实施。因此，各科学工业园区的企业审批流程很短，科学工业园区管理局可以直接与企业沟通，提供企业所需的各项个性化服务。对于平潭综合实验区来说，区域内有海关、检验检疫、工商税务等直线部门，通过借鉴台湾的授权管理模式，将可以显著提高行政与服务效率。

此外，台中和金门两地还互为授权，可以在本地为对方居民、企业等开展相关行政审批工作，实现跨域行政审批管理。类似地，平潭和台中方面可以在海关通关、检验检疫等方面，考虑将对方行政审批事项前移，分别授权委托对方有资质的部门或机关代为实施，可以进一步深化台中与平潭的港口合作。这些对于平潭与台湾开展点对点合作、探索两岸异地跨域授权管理具有重要的参考意义。

第四，借鉴台湾行政审批服务品质管理。

台湾行政部门强调和重视行政服务流程的合理性、跨机关合作过程中的协调与沟通、服务人员队伍素质建设，以及服务品质定期分析研讨等方面的工作，这对于平潭进一步优化行政审批管理流程，提升行政审批服务质量，都具有现实的借鉴意义。

第五，借鉴台湾行政审批组织再造做法。

台湾在企业设立、项目审批等方面的手续非常简单，花费时间也较短，一些相关审批职能分散到相应的机构之中，这种成效在很大程度上来自台湾公共行政组织再造。

台湾公共行政组织再造的基本做法是通过各机关合组工作圈，首先针对性质相同或近似的业务进行块状分析和检讨，通过对个别业务进行整体、单一的程序检讨，在分析检讨结果的基础上，研究最合适的处理方式，确定民间可以做的行政部门不做，下级行政部门可以做的上级行政部门不做，之后制定组织改造方案，并提交专门委员会确认，进而达到组织改造的目标。对于平潭来说，行政审批管理既涉及平潭当地的多个部门，也涉及中央、省部等上级部门，如何对这些横向和纵向的业务进行重组，如何针对行政审批管理中的相关部门进行重组，将是平潭行政审批管理改革的重点和难点。

2. 持续推进平潭行政审批管理制度改革

近年来，平潭不断推进行政审批管理制度改革，取得明显成效。改革永远是进行时，需要根据形势变化，顺应发展需要，持续推动。平潭要借鉴台湾公共行政经验，打造审批项目少、行政效率高、管理秩序规范的实验区，最大限度释放改革红利，更加便利台湾同胞，为全面推进两岸深度融合提供体制机制保障。

一是变革观念，自我革命。政府部门要突破行政审批改革中的部门利益阻力，打破权力暗箱，建立向社会公开的权力清单制度，确保行政审批流程清晰透明，把政府权力关进制度的笼子，发挥市场在资源配置中的决定性作用。

二是减少审批，简政放权。将政府职能转变和机构改革工作有机衔接，减少对微观事务的管理，加大政府职权向社会组织的转移力度，精简、规范行政审批事项，严控新增行政审批，最大限度激发市场活力。

三是转变职能，主动服务。整合政府资源，变外部行政行为为内部行政行为，针对项目建设单位面对多个行政部门，实施单一窗口受理制，依法整合审批流程，缩短审批时间，为两岸民众和企业提供更便捷高效的服务。

四是再造流程，提升效率。优化行政审批服务和审批流程，强化跨部门工作协调，在审批阶段内涉及多个审批事项的，并联审批，同步办理，审批部门按照法定的审批权限、条件、标准、方式、责任，限时办结，提升行政审批效率。

五是放管结合，规范运行。坚持放管结合，在简政放权的同时，切实加强对市场和社会的日常监督，防止出现管理真空，变事前审批为事中、事后的监督管理，营造公平竞争环境。

六是两岸融合，探索先行。突破历史路径依赖，突出两岸行政审批管理制度的相互借鉴、创新和改革，有计划、有步骤地推进改革先行试点，打造为台湾民众和企业认可的更高效、更便利的行政审批管理制度环境。

第三节　深化平潭两岸社会融合发展的对策建议

平潭两岸社会融合涉及诸多方面，是一个系统概念，也具有其自身的特殊性。本节在简述平潭社会融合发展特殊性的基础上，针对平潭两岸融合发展实际，从进一步完善“一区两标”管理模式、借鉴台湾经验开展社区营造、对接台湾健保做法改革平潭医保制度、推进平潭与台湾市县对接四方面提出相应的对策建议。

一、平潭两岸社会融合发展的特殊性

社会是人类群居及其形成的生活体系。社会融合概念有“大社会”与“小社会”，或者“宏观社会”与“微观社会”两种含义。建设两岸共同体，大陆社会与台湾社会融为一体，是一个大社会融合或宏观社会融合的例子；两岸同胞在平潭台康社区中和睦生活在一起，是一个小社会融合或微观社会融合的例子。

社会融合具体是指一国民众的不同群体之间通过多方面的互动、理解与认同，实现经济、政治、生活和文化四个领域的平等与基本认同，消除因政治历史等因素造成的相互之间的隔阂与不适应。[①] 生活交融反映的是社会融合的广度和深度，主要是指医疗、保险、饮食、求学、购物、交通、住房、求职等生活领域的内容，融合的标志是不同群体之间相互适应对方的生活环境和生活方式。这里聚焦讨论平潭社会融合，也就是讨论两岸同胞在平潭包括就业、起居、交流等在内的生活维度上的融合，属于微观融合的层次。[②]

平潭综合实验区两岸社会融合发展的特殊性主要体现在以下三个方面：

第一，社会融合在平潭两岸融合发展中的重要性更为凸显。从某种视角考察，福建省沿海经济较为发达的区域，其两岸融合发展始于改革开放初期第一批台企台商的进入，表现出较为明显的经济融合带动社会融合、文化融合的特征。平摊在改革开放前是一个相对贫困的海岛，当时其基础设施支撑较为薄弱，营商环境建设还存在许多明显的短板，两

① 朱磊、蔡礼辉、陈锦涵：《两岸社会融合发展初探》，《台海研究》2017 年第 4 期。

② 为便于表述与区分，涉及宏观含义的社会融合时省略“社会”，直接用“融合”表述，如平潭融合，或者“两岸融合”；而涉及微观含义时，则用“社会融合”来表述。

岸经济融合发展受到诸多制约。在此情况下，以两岸社会融合带动经济融合和文化融合成为平潭两岸融合发展的重要路径。

第二，平潭综合实验区的特殊区情有利于前瞻性推进两岸社会融合发展。平潭“综合实验区”的定位强调了平潭两岸各领域融合发展齐头并进。平潭原有体量小，社会生态体系惯性相对较弱，易于突破思维定势和进行弹性调整，可以在建设两岸融合发展示范区中承担先行先试的历史性责任，平潭两岸社会融合发展的探索可以为两岸社会融合发展探索新的路径和做法，积累可推广的经验。

第三，乡建乡创是推进平潭两岸融合发展的重要实践场域。平潭综合实验区前身是一个县域区域，带有明显的“三农”特征，台湾乡村社区营造理念与做法在平潭两岸社会融合发展中有广阔的应用空间，可以为台胞在平潭导入台湾乡村社区营造理念与做法提供很好的对接场景。2016 年以来，平潭综合实验区在全省范围内率先开展引进台湾村里长参与平潭乡村振兴，参与平潭社区营造，开展岚台基层融合试点工作，该领域可以有效深化平潭两岸社会融合发展。

二、深化平潭两岸社会融合发展的对策建议

（一）进一步完善“一区两标”管理模式

2017 年 3 月 7 日，全国两会福建代表团向媒体介绍了平潭正在实施的“一区两标、包容共存、融合发展、两岸共赢”的发展模式。“一区两标”是指：在经济、文化、社会管理等层面，试行大陆标准和台湾标准，在平潭岛内包容共存、互认互通，逐步融合发展，实现共赢。

2017 年 6 月，平潭综合实验区发布推动“一区两标”工作实施意见，对平潭综合实验区“一区两标”模式的积极意义进行了阐述说明。推动“一区两标”的重要意义在于：一是借鉴台湾地区经济社会领域中好的做法，尝试对接台湾各个行业相关制度模式、技术标准和执业资质，着力推动平潭体制、机制、政策创新，探索两岸融合发展新模式。二是在经济投资、产业对接、企业经营、工程招投标、人员执业、公共管理、社会保障等各个领域向台湾同胞全面开放，更大限度对接台湾经济社会领域的标准和模式，提升台湾同胞投资就业定居的意愿，激发台

湾同胞从事各项事业的活力，优化台湾同胞在岚的居住和工作环境，使台湾同胞在平潭综合实验区工作和生活就像在台湾一样地熟悉和方便。

“一区两标”的提出，是破解平潭的两岸同胞社会融合僵局，凸显平潭综合实验区概念的重要举措和大胆探索。近年来的实践已很好证明了其可行性。从某种意义上说，“一区两标”是“一区两制”在平潭综合实验区的一种初级形式，① 是两岸合作交流、共同治理的一种尝试，而这种尝试是由大陆一方主动提出、自觉实施，体现了大陆推进两岸和平发展、实现祖国和平统一的决心和诚意。

平潭“一区两标”模式是一种对台交流合作的先行先试，要不断探索、不断调整、不断延展、不断提升，使其成为平潭综合实验区的对台合作交流，以及推进两岸和平发展及和平统一的重大实践探索与特色模式。为此，提出以下具体建议：

第一，推动将“一区两标”从举措层面上升到理念层面。当前，平潭“一区两标”是破解两岸关系困境、体现平潭深化两岸融合发展的有益探索，很好体现了从易到难、循序渐进的推进原则，可以选择当前平潭社会可接受的台湾标准先引进，然后再逐步拓展。从更高层面上看，它的背后是一种理念上的创新性突破，是在大陆的标准体系中引进台湾标准，形成一种混合标准体系的新状态。因此，要提高平潭推进“一区两制”的战略自觉，更好发挥它在推进两岸和平发展、促进祖国和平统一方面的特殊功能，并通过不断优化，设计出更充分体现中华民族智慧才华的平潭特色的“一区两制”体系。

第二，推动从同个条块的“一区两标”延伸到不同区块的“一区两制”。现有的“一区两标”都是指在同一条块中允许同时采用大陆、台湾不同的标准。可进一步探讨在不同的区块中实行“一区两标”的可行性，也就是说在一些区块中以大陆标准为主，另一些区块中以台湾标准为主。这一探索的价值在于：一方面，可以减少同一区块中采用不同标准可能带来的资源低效利用或其他方面的问题；另一方面，如果在台湾

① 王秉安：《翔金两岸“一区两制”共建试验区的战略设想》，《综合竞争力》2010 年第 1 期。

同胞密集区中实施台湾标准为主，如同“创建”了一个台湾区块，就能赋予平潭“一区两标”更深层次的内涵和更具标志性的意义。这些以台湾标准为主的区块，如同台湾社会在平潭的“飞地”，很好体现了“你中有我，我中有你”的两岸社会融合发展理念。

第三，推动从“两标并用”到“两标融合”。当前平潭的“一区两标”是指两标并用，在此过程中肯定需要不断协调，不断互补。随着平潭开放开发的不断推进，国际开放度不断提升，在数字化、网络化大背景下，与国际标准的对接也势在必行，因此平潭社会将会形成“一区三标”并用的格局，这就有可能也有必要推进“两标”的融合，形成能与台湾标准、大陆标准和国际标准兼容的“平潭标准”。目前这一设想虽然看似有点“遥远”，但应成为平潭探索两岸社会融合发展的努力方向。

（二）借鉴台湾经验，开展社区营造

社区是民众群居的地方，是来自四面八方的居民一起生活的小社会。社区营造是指应用当代社区发展理念、原理与方法对社区进行再造，让传统社区能更好满足社区成员现代物质层面需求和先进精神层面需求，成为他们共同的幸福和睦家园。因此，社区营造是平潭两岸社会融合发展议题中必须研究的问题。1994 年，台湾“文建会”正式实施社区总体营造的政策计划。社区总体营造是指以社区共同体的存在与意识为前提，鼓励社区居民积极参与地方公共事务，在参与的过程中凝聚社区共识，配合社区总体营造理念，逐步推动各个社区形成其特有的文化，并帮助社区居民在经营文化活动的过程中推动社区产业的发展和空间的重塑。社区营造在台湾取得很好的成效，这一概念也很好地为台湾民众所接受，被认为是值得大陆学习的台湾成功经验。在平潭两岸社会融合发展过程中借鉴台湾社区营造的经验与做法是很有意义的。为此，提出以下具体建议：

第一，学习借鉴台湾社区再造经验。

一是推进社区自治。这一策略强调社区治理的民众参与度，关注过程中的民主精神与实践，期望以与社区生活和文化相关的议题作为社区再造的手段，摆脱自上而下偏重物质建设与资源分配的发展模式。[①] 社区营造强调社区资源整合，发挥社区、社会组织和社工等多方力量，提高社区居民参与度。台湾的社区营造工作以社区为主体，强调民众对社区建设的自主性，从起初的社区建设工作由行政部门主导转化为由民众自主推进，而社区的发展方向也更注重解决社区居民的真正需求，由社区居民参与到社区的规划工作中，并自行拟定社区工作的实施计划，强调社区建设工作应是“自下而上”的推动。[②]

二是生活文化驱动。一方面以文化创意为内容，从地域设计角度重建一个地区，使其再现活力，在认识地方文化、环境资源与特色的基础上，建立扎根于地方土壤、地方经验的产业来发展地方经济。另一方面，创新是建立在原有资源基础上的，在传统与现代之间找到一条有利的发展路径，这种复兴不是拒绝现代，恰恰需要用现代去唤醒古老的传统，使之焕发出新的生机和活力。突出生活文化驱动是台湾社区营造活动发展的显著特色。台湾社区营造的主要方向有“人、文、地、景、产”五个方面：“人”指的是社区居民需求的满足、人际关系的经营和生活福祉的创造；“文”指的是社区共同历史文化的延续，艺文活动的经营以及终身学习等；“地”指的是地理环境的保育与特色发扬，当地特色的延续；“产”指的是当地经济与产业活动的集体经营等：“景”指的是社区公共空间的营造、生活环境的永续经营、独特景观的创造等。这一系列举措让台湾社区营造带上浓浓的生活文化色彩。

三是爱心志愿者助力。台湾地区的乡村复兴同样离不开各学科领域知识分子重返乡村。台湾有相当多的社会团体（或称非营利组织）积极介入了社区总体营造，这些非营利组织通常都冠以“基金会”“工作室”“学会”“协会”等名称。以著名的台湾桃米里社区为例，它的主要推手廖嘉展、颜新珠原是一对记者夫妇，创建了桃米里“本土不走NPO”——新故乡文化基金会，新故乡文化基金会和台湾暨南大学的师生志愿者们对其社区营造的成功起了决定性作用。

---

① 黄健敏：《台湾民众参与的社区营造》，《现代建筑》2009 年第 2 期。

② 苟民欣：《台湾地区乡村社区营造策略探究》，西南大学 2017 年。

近年来，平潭开展了一系列两岸交流活动，如海峡两岸村里长交流会、两岸职工自行车赛、海峡两岸旅游气象服务标准共通研讨会、两岸职业标准对接专家研讨会、IM两岸青年影展等，这些活动的举办，让两岸同胞的心贴得更近、情融得更深。

第二，开展平潭社区营造，在社区层面上推进平潭两岸社会融合发展。

一是组织社区居民自治委员会，创建社区居民参与社区治理的平台。居民自治委员会代表居民权益、社区管委会代表公共部门权益联合开展社区治理。居民自治委员会成员从热爱社区的热心居民中推荐产生，各群体（台胞、本地居民、大陆外地居民和将来国外居民）自治委员配额依据各类群体的居民人数确定，也可根据具体情况适当增加台胞及国外居民的配额，确保他们的意见能得到充分表达。

二是组建社区居民志工团队，传播正能量。台湾志工体系在弘扬社会正能量方面发挥了非常好的作用，平潭引进台湾志工体系对提升社会整体品位、缩小两岸同胞群体认知差距和营造有利于社会融合发展氛围等都非常有价值。应积极邀请台湾志工组织和机构到平潭设立分支机构，鼓励在岚台胞发起组建各类志工团体，引进台湾志工骨干指导平潭志工活动等，推进平潭志愿者事业发展。推广平潭上楼村做法，聘请台

台湾乡里长在平潭上楼村向志愿者传授社区管理经验（念望舒　摄）

湾热心里长到社区传授台湾社区志工活动的经验与做法，凝聚居民共识，参与志愿者工作。上楼村志愿者队伍分为环境卫生组、治安巡逻组、文化娱乐组和健康保障组等，每周进行常态化志愿服务工作，举办“拗九敬老”“垃圾不落地”“与长者共餐”“免费为老人体检”等公益活动，获得了村民的高度认同和大力支持，以社区志工团队活动和团队成员言传身教的带动，弘扬正能量。

三是加快引进台湾社区营造与管理的经验与做法。组织平潭社区管理人员和社区居民积极分子，分期分批到台湾成功营造的社区考察；邀请更多有社区营造实践经验的台胞到平潭社区指导工作；鼓励和推进平潭社区与台湾社区建立一对一姊妹社区关系；创建岚台社区文化交流节活动，从社区层面推进两岸社会融合。

四是推进智慧社区建设。在平潭选择台胞群体多的社区，开展智慧样板社区的建设，让社区内的两岸同胞率先接触到智慧社区的生活方式，享受现代技术带来的福祉。充分利用物联网、云计算、移动互联网等新一代信息技术，为社区居民提供一个安全、舒适、便利的现代化、智慧化生活环境，形成信息化、智能化的新管理形态。在获取成功经验的基础上，逐步在全岛进行推广，成为数字平潭建设的重要内容。

五是构建台湾同胞熟悉的社会氛围和环境。澳前台湾小镇、台湾创业园、北港台湾文创实践基地等一批“台”字号项目凸显了平潭的对台特色。为了营造台湾同胞“第二生活圈”，平潭应该继续强化台湾元素符号项目体系，包括台湾老街、台湾美食街、台湾商圈、台湾社区、台湾游乐园、台湾度假村等。这些台湾元素符号项目应具有多种功能：一是吸引大陆其他区域民众，“到平潭就差不多到了台湾”；二是服务台胞，“生活在平潭跟生活在台湾没有太大不同”，这也是平潭必须调整和强化的一个理念。紧紧扣住台胞第二生活圈的构建，平潭台湾特色吸引力就是其必然的“产物”了。

（三）对接台湾健保做法，改革平潭医保制度

台湾是率先实现全体民众医保的地区之一，全体民众享受优质低价的公共医疗服务，民众对健保制度的满意率也非常高。1995 年，台湾将先前实施的劳工保险、公教人员保险、农民保险、低收入户保险等合

为一体，推出了全民健康保险，台湾健保覆盖率几近100%。针对健保经费入不敷出的状况，2013年开始实施二代健保制度，以保证健保制度良好、持续运行。

第一，全面了解台湾健保制度及其特点，作为推动平潭医保制度改革的借鉴。

台湾健保制度具有如下几个特点：

一是实现全民参保。凡具有台湾户籍的民众都必须按规定参加；领有台湾地区居留证件的非本地户籍人士，在台湾居留满4个月，也应参加健保。收入高的人多缴纳健保保险费，收入低的人少缴纳甚至不缴纳保险费。不论民众投保缴费的组别属于哪一类，看病时享受到的健保医疗待遇标准是完全一样的。

二是弱势群体得到较好照顾。对经济弱势民众采取保费补助、纾困贷款、分期缴纳、转介公益团体补助等多项协助措施。对重大伤病者，以及经济困难弱势民众、罕见疾病重症患者及偏远地区民众，免除部分个人负担费用。分娩者、山地外岛地区就医者、低收入户、离退伍军人、3岁以下儿童就诊可以免除个人负担。基本上做到没人因穷而看不起病，也没人因看病而致穷。

三是看病难的问题得到较好解决。除了特约医疗服务机构覆盖率高，还建立了分级医疗制度，形成了一个由医学中心、区域医院、地区医院及基层医疗单位构成的医疗网络，同时实施全民健康保险家庭医师整合性照护计划。分布城乡、设备先进、服务优质的医疗网，为居民得到综合性的全面医疗保健服务提供了便利，民众普遍没有“看病难”的感觉，也为全民健保的推行打下了坚实基础。

四是医疗费用报销范围较广。参加健保的居民，可以自由到台湾任何一家定点医院就诊，小到牙痛，大到癌症，医疗开支均可由健保埋单。其给付的范围包括门诊、住院、牙医、中医、检验检查、居家护理、处方药品、预防保健等。

第二，从平潭两岸社会融合出发，推动平潭医保制度改革建设。

一是争取与台湾健保制度对接。加快平潭医保制度改革力度，最终实现单一的全民医保制度，改革过程尽可能参照台湾经验与做法，逐步实现与台湾健保制度对接，支持台胞参加平潭医保，使平潭医保制度成为平潭两岸共同家园的软环境体系建设的一个重要环节。

二是改善医疗服务的环境。根据台胞的就医习惯和文化，一方面建设好平潭三甲医院，同时积极引进台湾医院在平潭落地。另一方面，在目前台湾的大医院在平潭落地条件尚未成熟的情况下，由政府扶持，给予适当补助，鼓励台湾医生到平潭开设医疗诊所，做到便利就地医治。

三是简化优化服务程序。最大限度简化在平潭的台湾同胞参与医保的手续；为台湾同胞回台报销健保提供便捷服务；通过两岸有关部门沟通协商，积极争取平潭的医疗机构和在平潭落地的台湾医院成为台湾健保制度特约单位，实现与台湾健保制度便捷对接。

（四）推进平潭与台湾市县“点对点”对接，打造融合发展示范模式

这里所谓的融合发展示范模式是指由台湾和平潭两地共同协商发起，专门吸引台湾某一区域中小企业在平潭创建“迷你台胞开发区”。从某种意义上来说，这就是微观层面上的两岸社会融合模式的探索。这种融合发展示范模式具有很高的推广价值和意义。一是以台引台。由台湾学界与产业界人士等组建的非政府组织牵头推动，能充分利用这些组织的社会网络关系，吸引台湾基层民众参加平潭建设。二是共同管理。由台湾同胞自主开发、自主经营、自主管理，探索平潭实现两岸同胞共同管理的新途径。三是台胞社区。以此为载体吸引台湾同胞在平潭落地，在岛上形成台湾同胞聚集的社区，这不仅在经济层面，而且也在社会层面推进两岸融合发展。四是易于复制。该模式具有很高的可复制性，易于推广，有助于推进平潭与台湾市县的“点对点”对接。五是示范效果。该模式概念清晰简明，传播性强，能起很好的示范带动作用，对于平潭两岸社会融合具有十分重要的现实意义。

为此，提出以下具体建议：

一是加大政策扶持力度。打造“迷你台胞开发区”融合发展示范模式，将之列为平潭与台湾市县实现“点对点”对接的重要举措之一，予以大力实施。

二是成立专项工作组。由福建省台办、福建省发展改革委等相关部

门与平潭综合实验区管委会联合组建平潭综合实验区“迷你台胞开发区”推进工作组，研究制定专项方案，并负责实施。

三是寻找牵头人。重点在台湾中南部，尤其是南部的市县中物色热心促进两岸合作交流的非政府组织与有一定影响力的人士，支持他们成为其所在市县的项目牵头人。

四是采用租赁政策。一部分“迷你台胞开发区”由平潭综合实验区管委会开发建设，然后出租给台胞使用，全部产权归管委会所有；一部分“迷你台胞开发区”将用地权出租给台湾开发商，由他们负责开发建设，到期后采用赎买方式收回全部产权。

五是建设风格与命名体现台湾特色。“迷你台胞开发区”建设要求尽量体现台胞原住地建筑元素，如以台胞原住地主要街道名字来命名平潭相应开发区中的街道，在“迷你台胞开发区”中心位置建造台胞原住地的标志性城市雕塑；建筑体现台胞原住地文化元素的门坊等，努力使“迷你台胞开发区”成为台胞原住地的微缩版。

六是实行台胞自主管理。在“迷你台胞开发区”组建台胞社区管理委员会，通过公众投票办法选举社区管委会领导成员，由平潭综合实验区授权管委会实行台胞自主管理。

（五）鼓励台胞参与平潭社会事务管理

坚持多层面、多形式、多主体对接，支持和引导台胞更多地参与平潭综合实验区的各类社会事务管理，是探索建设两岸共同家园、推动两岸融合发展的重要实践。

台胞参与社会事务管理涉及面十分广泛，在现有制度框架下，台胞参与平潭社会事务管理，主要以社会组织为主，领域以科教文卫、民政社保为主，探索相互对接和融合发展的方式方法，找到两岸民众认可的最大利益点和最大认可度，找到融合发展突破口，再寻求逐步扩大至更多领域，最终实现台胞参与平潭大部分的社会事务管理活动。

社会事务管理，主要是指政府和社会组织为促进社会系统协调运转，对社会系统的组成部分、社会生活的不同领域以及社会发展的各个环节进行组织、协调、服务、监督和控制的过程。社会事务管理涵盖教育、科学、文化、科技、卫生、体育、环境等领域。

一是科教文卫。通过两岸的教育、培训、医疗、卫生、文化、出版等机构的交流、合作与融合，实现台胞参与平潭的教育、卫生、文化等事务管理。

二是民间组织。加大与台湾相关民间机构、行业协会等社会组织的广泛联系与沟通，通过协助其在平潭设立分支机构、拓展日常业务、开展对口交流、加强实质合作等方式，不断促进这些社会组织参与具体社会事务管理。

三是社区组织。借鉴台湾社区在服务、自治、公益等方面的成功经验和做法，在台胞相对集中地实行社区管理，将多元治理作为社区发展的方向。

四是其他领域。政府各有关部门应逐步向台湾社会组织释放更多社会事务管理权限，给予台胞更多参与空间，充分利用台湾资源，由台湾社会组织和广大台胞担当更多社会管理者的角色。

在推进平潭两岸社会融合发展的进程中，要特别重视和吸纳更多台湾民间组织参与平潭社会事务管理。民间力量和非营利组织是闽台关系最基本的元素，要多接地气，不断扩大和发挥民间力量的作用，形成一种自下而上的自发式的新的互动关系。

一要完善立法，邀请台胞参与相关法规的制定，来规范非营利组织行为，促进非营利组织发展。

二要处理好政府与非营利组织之间的关系，为非营利组织的发展提供宽松的制度环境，使政府与非营利组织之间形成双赢的合作伙伴关系。

三要健全社会监督机制，邀请台胞参与监督，提高非营利组织的诚信度和透明度，扩大信息披露对象的范围，不仅包括主管机关，还包括捐助者和社会大众等，以接受社会监督。

四要加强非营利组织自身建设，构建比较完备的内部法人治理结构，通过理事会（董事会）发挥对本组织事务的决策和监督作用，积极主动地捕捉公众多样化的需求，并迅速有效地开展服务活动，以获得社会的认同。

在推进路径方面，探索台胞参与社会事务管理的新途径，必须按照先易后难、先低后高、先点后面的基本原则，稳步推进。

第四节　深化平潭两岸文化融合发展的对策建议

平潭两岸文化融合发展是一个动态发展的过程。文化是长期聚集在一起的一个群体的共同行为方式，或说是一个群体的习惯习俗。在一个社区中，来自不同文化背景的两个群体或多个群体，聚在一起形成新的群体，产生了不同文化的混合，他们原先具有的行为方式必然相互作用，差异部分互相排斥（文化冲突），相同部分互相叠加（文化共振），经过一段时间的交汇与磨合，动态演化，逐步形成这个新群体的共同行为方式（文化融合）。两岸文化融合发展是平潭两岸同胞融合的重要内容，对推动两岸同胞共同弘扬中华文化、促进心灵契合具有特别重要的意义，也是建设两岸同胞共同家园的文化特征。本节在简述平潭两岸文化融合发展的特殊性的基础上，进一步从培育新平潭文化，以及强化岚台文化交流两大方面提出相应的对策建议。①

一、平潭两岸文化融合发展的特殊性

文化融合是不同特质的文化彼此交流、相互接纳以及趋于统一的过程，是不同文化通过交流合作而形成的互相吸收、消化、融合、更新的过程。在这个过程中，各种文化相互改造并塑造对方，各种文化特质之间相互渗透、相互结合、互为表里，最终融为一体，两个独立的文化体系通过长久的接触，互相借用、互相影响而大致达到接近的程度。从更深层来说，文化融合可以理解为心灵归属，这种归属感暗示该群体的价值、背景与看法的趋同。文化融合形成新的共同行为方式，其中很大部分可能源于不同群体文化中的共同部分及可以互相接受的部分，亦可能包含新产生的、并为这些不同背景群体所共同接受的部分。这样就实现了文化融合，产生了有别于群体成员原有文化的新文化。新文化往往也

① 参见李志敏、王秉安：《岚台文化融合推进策略研究》，《福建行政学院学报》2018年第3期。

可以视为原文化的一支新亚文化。

习近平总书记在多个场合强调推动两岸同胞共同弘扬中华文化，促进心灵契合。平潭打造共同家园的前提是实现对台深度融合。平潭两岸同胞融合涵盖经济融合、社会融合、文化融合等多个领域，三个融合相辅相成，逐次升级。经济融合是两岸同胞的融合基础和起点。社会融合是平潭两岸同胞的融合载体，需要一个合适的社区环境。文化融合是平潭两岸同胞融合的归宿，文化融合的基础就是文化认同，也就是平潭两岸同胞共享相同文化理念，接受共同的生活习惯和生活方式。这样的共同理念及共同行为方式构成了新平潭文化。只有在融合发展过程逐步形成的新平潭文化为两岸同胞所认同，融合发展才能真正实现。平潭两岸文化融合发展具有几个特征：

第一，平潭两岸同胞是在中华文化这个母体文化中进行融合的。台湾文化和福建文化都属于中华文化，与其他因地域的差异、时日的演化而产生的中华文化亚文化一样，都深深地刻着母体文化的印记，共享着母体文化的核心价值。两岸文化共享的内涵是高度一致的，两岸提倡的文化核心价值大体上异曲同工，例如大陆倡导的“爱国、敬业、诚信、友善”与台湾提倡的“正直、善良、勤奋、诚信、进取与包容”。因此，在中华文化内进行融合，就构成了平潭两岸文化融合发展的第一个特征。

两岸青年开展国学研习交流活动（念望舒　摄）

第二，平潭两岸同胞不同群体的文化之间具有极强的互补性。一方面，调研发现，大部分旅居平潭台胞对这里社会安全稳定、民众和政府态度友善、人们热衷发展和蒸蒸日上的社会氛围感同身受，普遍认可。另一方面，台湾在传统文化的保护传承、民间团体对弱势群体的关心、宗教慈善组织与志工制度的建设、公共秩序的自觉维护等方面都可以供大陆民众学习借鉴。因此，两岸文化的互补性强，两岸民众群体能互相欣赏对方文化的优点，是平潭两岸文化融合发展的有利起点。

第三，平潭发展要求平潭文化具有更突出的现代性特征。2014 年，习近平总书记到平潭视察时指出：平潭是闽台合作的窗口，也是国家对外开放的窗口。《平潭综合实验区条例》第三条明确指出：实验区应当坚持创新、协调、绿色、开放、共享的发展理念……加快形成体制先进、政策开放、文化包容、经济多元、生态优美的现代化、国际化综合实验区。因此，现代化是平潭的发展目标，高度开放、面向国际、面向前沿和科技推动将构成平潭现代化发展的内涵，它也必然是平潭两岸文化融合发展的又一个重要特征。

二、深化平潭两岸文化融合发展的对策建议

（一）培育新平潭文化

1. 培育新平潭文化是推进平潭两岸文化融合发展的顶层任务

随着平潭开放开发的持续推进，参与这一过程的原居民群体和后迁入的包括台湾同胞在内的新居民群体都会发生适应新环境的特质上的变化，共同的特质（不管是新产生的还是向对方学习来的）让他们成了一个称为“新平潭人”的新群体。所有新平潭人共同拥有的地域文化就是新平潭文化。这里要特别指出的是，与大部分情况下的新区域人如新上海人、新晋江人等不一样，他们不是仅指外来群体对原居民群体的社会融入演化成的新部分人群，平潭原居民也要演化成为新平潭人，否则他们将“落后”于平潭开放开发的进程，以致成为一个与平潭现代社会格格不入的“另类”群体。

新平潭文化诞生于平潭开放开发，适应于平潭开放开发，体现出平潭开放开发相关特征，并为两岸同胞所认同。

2. 以培育新平潭文化为目标，推进平潭两岸文化融合发展

一是以中华文化精髓为核心，传承河洛文化，整合闽台亚文化优势，吸纳海峡文化、开放文化和现代文化等文化中适合平潭区情的积极元素，大力培育新平潭文化。要广泛推动民众参与新平潭文化讨论，以获取适合平潭区情的中华文化精髓的表达方式。在“把握精髓，突出特色，便于传播”等原则的基础上，新平潭文化的主题关键词或可提炼为“善、容、敢、美”四个字，或“友善、包容、敢拼（进取）、美共”，或“性崇善、容乃大、敢拼赢、美美共”四个词。“善”字源于河洛文化，“容”字源于林则徐“海纳百川，有容乃大”的开放文化，“敢”字源于闽台“敢拼会赢”的海峡文化，“美”字源于费孝通的“各美其美、美人之美、美美与共、天下大同”，建设平潭以美丽共同家园为目标的新文化。

二是加快平潭两岸文化融合发展进程，把平潭建设成为两岸命运共同体文化先行区。以培育“善、容、敢、美”新平潭文化体系为总纲，建设新平潭文化形象识别和线上线下互动的对外传播体系，建设丰富民众生活、满足民众文化需求、提升民众素质的新平潭文化公共服务体系和社区体系，发展新平潭文化创意产业体系，以文化融合促进经济融合、社会融合。

三是建设一批新平潭文化标志性建筑，创新数个有影响力的文化节庆活动，推进两岸文化融合发展。新平潭文化标志性建筑物可包括平潭中华文化博物馆、平潭中华文化广场、新平潭文化大剧院和新平潭文化公园等。文化活动方面，在平潭两岸共同家园论坛基础上增加举办以两岸普通民众为主要对象的联欢节和文化活动，淡化政治色彩，提升公众参与度，使之成为推进两岸同胞文化交流的新平台。引进台湾民间节庆活动，逐步让部分台湾民间节庆活动成为平潭两岸同胞社会参与的平台和营造两岸文化融合氛围的载体。重新对平潭城关街道，尤其是新建街道采取类似台北街道以中华文化关键词取名方式进行命名，诸如“忠孝”“仁爱”“信义”等，凸显中华文化色彩，增强两岸民众认同；对新建社区或台胞集中居住的社区，用台湾的地名进行命名或重新命名，引进乡愁元素，营造友善氛围。

四是用心研究、精心策划和大力强化闽台民众共享的宗教文化、宗亲文化、习俗文化等。这些非常接地气的、丰富多彩的地方特色文化是闽台民众文化的重要组成部分。台湾社会的中下层民众仍然奉行传统的生活方式，宗教信仰与大陆闽粤无异，宗族制度及祭祖习惯也沿袭不变。[①] 两岸的这些文化交集最大，民众参与的主动性和积极性最高，这些文化上的合作交流最容易克服偏见。平潭要对此进行精心研究，创新活动内容与形式，依托两岸民众，积极推动，做大做特。

五是简繁并用，“一区两标”，创造便于台胞融入的语言环境。两岸文化交流中的语言障碍主要体现在汉字简繁写法的差异上。平潭应实行简繁并用的“一区两标”。与台胞相关文件应该用双标版本，在公共场合的指示牌或公告中也应该同时用简繁体字表达。这样做既为台湾同胞提供方便，同时也向公众传递出对台胞友好和推进两岸文化融合发展的强烈信号，还会成为平潭的一道独特风景线。建议在平潭中小学中适当开设繁体字学习课程，同时要加大平潭中小学学生英语学习比重和干部队伍的英语继续教育力度，为国际旅游岛建设营造良好氛围。

六是构建平潭区域文化识别与传播体系。平潭作为一个国际化、现代化区域，必须具备较高品位，构建个性化的平潭区域文化识别与传播体系则是提升平潭文化层次和影响力的一项基础性任务。区域文化识别与传播体系，也可称为区域形象识别与传播体系，或平潭文化品牌与传播体系，主要包括区域文化核心要素组合、基本要素组合和传播要素组合（见图 5-2）。

区域文化核心要素组合包括两部分，即区域文化核心价值和区域文化独特优势。平潭区域文化核心价值是前述“善、容、敢、美”；区域文化独特优势可表述为“岚文化＋融合文化”。岚文化是由平潭独特的气候条件、地貌条件和历史发展所决定的；融合文化则是因台而育的。这两方面的平潭地方特色文化要素都是平潭所独有的，要紧紧围绕这两个核心要素，开展区域文化建设，营造对台胞、对区外游客具有吸

① 王仲：《两百年来台湾文化变迁概述——兼论两岸文化交流的对策》，《上海师范大学学报（哲学社会科学版）》2012 年第 3 期。

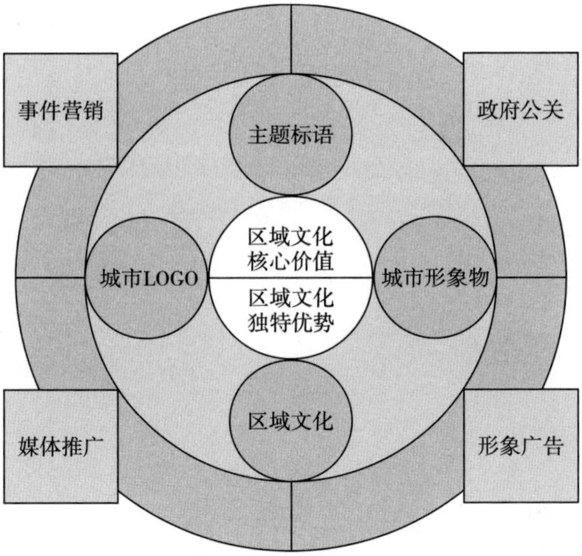

图 5-2 平潭区域文化识别与传播体系模型

引力的区域文化环境，加快平潭区域文化建设，进而强化平潭对台融合力。

区域文化基本要素组合，是由能充分体现区域文化特点的，有内涵、抓眼球、强印象、可嵌入、易传播的符号元素，包括图案符号、声音符号与实体符号等。典型的区域文化基本要素包括：区 LOGO、区旗、区代表色、区代表字、区歌、区主题标语口号（主题口号）、区花（树）、区兽（禽）和典型代表物等。针对平潭区域文化基本要素组合中的一些主要符号元素，进一步提出以下具体建议：

第一，平潭综合实验区 LOGO、区兽、区旗都以红麒麟作为形象符号。这主要基于以下考虑：一是平潭主岛海坛岛的俯视图就像一只向上飞跃的麒麟，体现平潭岛形状的独特性。二是麒麟是全球华人圈广泛知晓、高度认同的传说中的祥兽，是中华传统文化代表性符号。平潭LOGO取此麒麟形象符号意涵明显：平潭文化是中华文化的一个部分，平潭是祥瑞之岛、太平之邦、美好之城。

第二，平潭石牌洋可作为平潭区域文化品牌的形象物。石牌洋是海中立起来的巨石，如昂首挺胸、弄潮破浪、勇往直前的巨人，极好地表达了平潭的城市文化精神，加上为我独有、雄伟壮观，是难得的文化形象物。

平潭石牌洋（林映树　摄）

第三，采取专家与民众相结合的方式设计一套完整规范的平潭区域文化基本要素组合。平潭区域文化传播组合包括形象广告、事件营销（传播）、媒体推广（软文推广）和政府公关等组合成分。它们因目标受众不同而分为对外（区域外公众）传播和对内（区域内公众）传播，因传播渠道性质不同而分为线上传播和线下传播。平潭作为一个性质特殊的新兴区域，持续进行高效的区域文化整合传播，对提升区域内外公众对平潭区域文化的认同度是非常重要的。

（二）强化岚台文化交流

为推进平潭两岸文化融合发展，建议推进以下几方面工作，以不断强化岚台文化交流：

一是在打造国际旅游岛过程中大力推进岚台文化合作交流。国际旅游岛建设包括“人、文、地、景、产”五大方面的内容，其中“文”既是国际旅游岛提供的服务内容之一，又是它的特色优势的载体和软实力的表现。平潭国际旅游岛的一个突出特征就是其文化的独特性。因此，要将融合闽台文化的新平潭文化导入国际旅游岛的建设中去，在建设过程中推进两岸文化融合发展。

二是挖掘和培育“岚”即“山与风”文化主题，凸显平潭国际旅游岛的景观文化差异化优势。平潭简称岚，据传是源于“岛上时常东来岚气弥漫”。岚字是由“山”字与“风”字叠成，恰对应了平潭的海蚀地貌和大风口的两大特征。平潭富有罕见的花岗岩海蚀柱、风动石和球状风化花岗岩等，素有“海蚀地貌博物馆”之誉。平潭年平均风速6.9米/秒，全年大风（7级以上）日数平均为125天。为此，平潭附近海域又有“与百慕大、好望角齐名的世界三大风口海域”之说。平潭典型的石厝民居正是山（石）与风结合的产物，极富个性特色。将山与风文化开发成平潭第一景观文化应值得高度关注、用心挖掘、深度开发。

三是推进与台湾和大陆旅游业产业链的衔接。平潭的特殊地理位置（大陆离台湾最近点）、平潭综合实验区特殊对台政策（更加优惠）、特别便捷的平潭对台海上交通（台湾海峡唯一滚装轮航线）和国际旅游岛身份使平潭成为大陆与台湾旅游业产业链的一个关键节点。应充分发挥独特优势，通过产业对接推进两岸民众往来，进而推进两岸文化融合发展。

四是加快发展具有闽台文化特色的文创产业和文创社区。台湾文创产业和社区营造比大陆起步更早，积累了丰富的经验。平潭上楼村的社区营造、北港村的石厝文化创意社区都是受台湾生活文创影响的产物，为发展具有闽台文化特色的平潭文创产业和文创社区提供了很好的样板示范。要以新平潭文化、“山与风”文化、当地传统文化、台湾文化等为创意文化资源，丰富文创产品内涵，拓宽文创产业领域，在更多的社区和乡村中推行文化社区营造活动，将推进文创产业和文化社区发展与国际旅游岛文化旅游项目建设对接、与公共文化服务体系发展对接、与两岸文化合作交流对接，推进平潭两岸同胞文化融合发展。① 2016年，

① 王秉安、施玮：《地方特色文化创意产业和社区：原理、战略与两岸个案》，社会科学文献出版社2016年版，第123页。

平潭北港村“风中旅行”民宿举办的文创活动（念望舒　摄）

台湾青年团队来到平潭背靠君山的北港村，打造村里的第一家民宿——“石头会唱歌”。此后，台湾文创和当地渔村文化不断碰撞、融合，产生神奇的“化学反应”，台味餐饮、工艺品作坊等如雨后春笋般在村子里冒出来，名不见经传的小渔村摇身一变，成了远近闻名的文创村。2023年，北港村累计接待游客超过120万人次，旅游经营收入达1亿元，带动村集体经营性收入超过110万元。

五是营造有利于台湾文创青年来岚创业的条件和氛围，把平潭打造成两岸文创青年的乐园和两岸文创合作与发展的示范区。充分发挥平潭台湾创业园的两岸青年创业基地作用，将文化概念、文化元素、文创活动和文化旅游导入澳前台湾小镇，将其从台湾商品免税商场改造升级为集购物游、体验游、观光游、学习游于一体的具有台湾特色的旅游景区，为台湾文创人才尤其是青年创客创建另一个创业平台。

六是大力推进闽台影视合作交流。引进台湾有一定国际知名度的影视制作团队，制作能凸显平潭元素和台湾海峡文化特色的高质量影视作品；充分发挥美丽海岛优势，选择条件合适的海岛，建设海上“宋城”，创建海峡特色影视制作基地；以青年群体为目标受众，创办凸显青春活力的海峡国际青年电影节，为台湾和国际青年影视工作者提供展示才华的平台。

七是加快创办平潭高校和专科学校。学校是重要文化现象、重要文化载体和高素质文化人才聚集地，也应该成为两岸文化融合发展高地。平潭综合实验区创建伊始，就提出要创办高水平高校的想法，包括闽台联合创办高校等建议。新时代要有新站位、新思考，在大陆稳步发展而台湾停滞不前的背景下，平潭拥有吸引台湾高校的师资资源、办学资源的良好机会，要将创办高校作为推进平潭两岸文化融合发展重要举措抓紧抓好抓实。

八是深入实施"两岸寻根溯源工程"。持续深化"南岛语族起源与扩散研究"项目，在闽台文化溯源上加强研究，以"南岛语族起源与扩散研究"为媒，以"海岛发展"为桥梁，举办各类国际学术交流研讨活动，展示两岸自古以来的历史、文化渊源，增进台湾同胞的民族认同、文化认同、国家认同。

参考文献

[1] A. Giddens. Sociology [M]. Cambridge: Polity Press & Blackwell Publishing Company, 2001.

[2] A. Sen. Development as Freedom [M]. New York: Anchor Books, 2000.

[3] A. Walker. The Strategy of Inequality, in A. Walker & C. Walker (eds.). Britain Divided: the Growth of Social Exclusion in 1980s and 1990s [M]. London: CPAG, 1997.

[4] Bond Frank W and Bunce David. The Role of Acceptance and Job Control in Mental Health, Job Satisfaction, and Work Performance [J]. Journal of Applied Psychology, 2003 (1).

[5] Burchard T, Grand J L, Piachaud D. Exclusion in Britain 1991—1995 [J]. Social Policy & Administration, 1999 (3).

[6] C. Crawford. Towards a Common Approach to Thinking about and Measuring Social Inclusion [M]. Toronto: Roeher Institute, 2003.

[7] E. S. Bogardus. Measuring Social Distance [J]. Journal of Applied Sociology, 1925 (9).

[8] European Commission. Joint Report on Social Inclusion [R]. Directorate-General for Employment and Social Affairs. Brussels: European Commission, 2004.

[9] Gahriel Tarde. The Laws of Imitation [M]. New York: Henry Holt and Company, 1903.

[10] Glen, A. Methods and themes in community practice. In Butcher, H., Glen, A., Henderson, P. and Smith, J. al. (eds),

Community and Public Policy [M]. London: Pluto Press, 1993.

[11] Gordon, Milton Myron. Assimilation in American Life: The Role of Race, Religion, and National Origins [M]. New York: Oxford University Press, 1964.

[12] G. Rodgers. What is Special about a Social Exclusion Approach? in G. Rodgers, et al. (eds.), Social Exclusion: Rhetoric, Reality, Responses, Geneva: International Institute for Labour Studies, 1995.

[13] Han Entzinger and Renske Biezeveld. Benchmarking in Immigrant Integration [D]. Erasmus University Rotterdam, 2003.

[14] John Pierson. Tackling Social Exclusion [M]. New York: Routledge, 2001.

[15] Josine Junger-Tas. Ethnic Minorities, Social Integration and Crime [J]. European Journal on Criminal Policy and Research, 2001.

[16] J. Percy-Smith. Policy Responses to Social Exclusion: Towards Inclusion? [M]. Buckingham: Open University Press, 2000.

[17] Lee My, Sapp SG, Ray MC. The Reverse Social Distance Scale [J]. Social Psychology, 1996 (1).

[18] Martens P L. Immigrants and crime prevention [A] // Wikstrim PO H, Clarke R V, Mccord J. Integrating Crime Prevention Strategies: Propensity and Opportunity. Stockholm: National Council of Crime Prevention, 1995.

[19] Pandit. The Creation of Theory: A Recent Application of the Grounded Theory Method [J]. The Qualitative Report, 1996 (4).

[20] Park. Race and Culture [M]. Glencoe Il: The Free Press, 1950.

[21] Park, R. and E. Burgess. Introduction to the Science of Sociolog [M]. Chicago: University of Chicago Press, 1969.

[22] Park, Robert Ezra. Human Migration and the Marginal Man [J]. The American Journal of Sociology, 1928 (6).

[23] Parsons T. An outline of the social system [M]. New York:

Fress Press, 1961.

[24] R. PEACE. Surface Tension: Place/Poverty/Policy-from "Poverty" to Social Exclusion: Implications of Discursive Shifts in European Union Poverty Police 1975—1999 [D]. University of Waikato, Hamilton, 1999.

[25] Tajfel H. Differentiation Between Social Groups: Studies in the Social Psychology of intergroup Relations [M]. London: Academic Press, 1978.

[26] Tania Burchardt, Julian Le Grand, David Piachaud. Exclusion in Britain 1991—1995 [J]. Social Policy & Administration, 1999 (3).

[27] W. F. Fey. Acceptance by others and its relation to acceptance of self and others: A revaluation [J]. Journal of Abnorm Psychol, 1955 (50).

[28] 本刊编辑部. 探索海峡两岸融合发展新路，构建福建全域融合新格局 [J]. 发展研究，2023 (11).

[29] 布赖恩·特纳. Blackwell 社会理论指南 [M]. 李康译，上海：上海人民出版社，2003.

[30] 蔡宏进. 迁移大陆台商调适过程中社会混动问题之研究 [J]. 东吴社会学报，2001 (10).

[31] 曹小衡. 建设两岸融合发展示范区，走出经济合作新路 [J]. 两岸关系，2023 (10).

[32] 陈孔立. 20 世纪 90 年代以来台湾史教科书民族叙事的演变及其影响 [J]. 闽台关系研究，2020 (2).

[33] 陈其南. 社区总体营造与文化产业发展 [J]. 台湾手工艺，1995 (55).

[34] 陈先才，刘国琛. 两岸社会一体化的理论架构与实现路径 [J]. 台湾研究集刊，2010 (6).

[35] 陈怡洁. 台湾家庭在沪居住模式与影响因素分析 [D]. 上海：复旦大学，2012.

[36] 陈威. 依托社区服务常住台胞，构建社会主义和谐社会 [J]. 上海市社会主义学院学报，2006 (2).

[37] 陈哲彣. 惠台政策对台湾民众认同意识之影响——基于问卷调查与访谈之研究 [D]. 上海：复旦大学，2008.

[38] 丹尼尔·贝尔. 社群主义及其批评者 [M]. 李琨译，北京：三联书店，2002.

[39] 邓小冬. 两岸政治文化异同与融合发展之道 [J]. 广州社会主义学院学报，2014 (2).

[40] 邓一飞. 在沪台胞子女就读现状及政策需求调查 [J]. 上海教育科研，2008 (2).

[41] 丁开杰. “社会排斥”概念：语义考察和话语转换 [J]. 晋阳学刊，2009 (1).

[42] 董小苹. 在沪台湾大学生的政治意识与政治参与 [J]. 青年研究，2006 (10).

[43] 董小苹，魏莉莉. 在沪台湾大学生社会意识调查 [J]. 社会科学，2006 (8).

[44] 福州市台港澳办. 深入贯彻中央《意见》精神，福州加快建设两岸融合发展示范区先行区 [J]. 两岸关系，2023 (11).

[45] 嘎日达，黄匡时. 西方社会融合概念探析及其启发 [J]. 理论视野，2008 (1).

[46] 格奥尔格·齐美尔. 社会是如何可能的：齐美尔社会学文选 [M]. 林荣远编译，南宁：广西师范大学出版社，2002.

[47] 苟民欣. 台湾地区乡村社区营造策略探究 [D]. 重庆：西南大学，2017.

[48] 郭星华. 从乡村到都市：融入与隔离——关于民工与城市居民社会距离的实证研究 [J]. 江海学刊，2004 (3).

[49] 郭星华，杨杰丽. 城市民工群体的自愿性隔离 [J]. 江苏行政学院学报，2005 (1).

[50] 郭秀云. 风险社会理论与城市公共安全——基于人口流迁与社会融合视角分析 [J]. 城市问题，2008 (11).

[51] 郭艳. 大陆台胞的认同变迁：一种基于理论的探讨 [J]. 北京联合大学学报（人文社会科学版），2008 (4).

[52] 胡苏云. 上海台湾人的社会融入分析 [J]. 社会科学，2006 (8).

[53] 黄健敏. 台湾民众参与的社区营造 [J]. 现代建筑，2009 (2).

[54] 黄匡时. 社会融合的心理建构理论研究 [J]. 社会心理科学，2008 (6).

[55] 蒋依娴，王秉安. 基于 SEM 的福建台胞社会融合影响因素与路径关系研究 [J]. 台湾研究集刊，2018 (1).

[56] 蒋依娴，施伟. 平潭综合实验区吸引台胞融入路径研究 [J]. 福建行政学院学报，2018 (5).

[57] 柯于璋. 社区主义治理模式之理论与实践——兼论台湾地区社区政策 [J]. 公共行政学报，2005 (16).

[58] 孔媛. 城市“新二元结构”从分割到融合的新政治经济学分析——以上海为例 [D]. 上海：复旦大学，2011.

[59] 李春霞，陈霏，黄匡时. 融入筑城：中国西部流动人口社会融合研究 [M]. 北京：九州出版社，2013.

[60] 李鸿阶，单玉丽. 关于加快推进平潭综合实验区建设的若干建议 [J]. 亚太经济，2010 (3).

[61] 李立. 建设两岸融合发展示范区助力推进祖国统一进程 [J]. 统一论坛，2023 (6).

[62] 李志刚. 扎根理论方法在科学研究中的运用分析 [J]. 东方论坛，2007 (4).

[63] 李志敏，王秉安. 岚台文化融合推进策略研究 [J]. 福建行政学院学报，2018 (3).

[64] 梁波，王海英. 国外移民社会融入研究综述 [J]. 甘肃行政学院学报，2010 (2).

[65] 梁汉学. 利用人口普查数据测量社会距离的方法探讨 [J]. 南方人口，2011 (4).

［66］刘博. 韦伯、帕森斯、吉登斯社会行动理论之比较［J］. 社科纵横（新理论版），2010（4）.

［67］刘国深. 试论和平发展背景下的两岸共同治理［J］. 台湾研究集刊，2009（4）.

［68］刘玉照. “移民化”及其反动：上海农民工与大陆台商“反移民化”倾向的比较分析［J］. 探索与争鸣，2005（7）.

［69］卢国显. 中西方社会距离的研究综述［J］. 学海，2005（5）.

［70］卢小君，陈慧敏. 流动人口社会融合现状与测度——基于大连市的调查数据［J］. 城市问题，2012（9）.

［71］陆淑珍，魏万青. 城市外来人口社会融合的结构方程模型——基于珠三角地区的调查［J］. 人口与经济，2011（5）.

［72］罗海成. 平潭综合实验区行政审批管理改革研究——基于台湾经验借鉴视角［J］. 闽台关系研究，2015（3）.

［73］罗海成. 习近平总书记对台重要论述在福建的探源研究——从“闽台”到“两岸”的逻辑演进过程［J］. 闽台关系研究，2023（3）.

［74］罗海成，江振娜. 开放福建［M］. 福州：福建人民出版社，2022.

［75］罗海成. 两岸融合发展示范区建设的逻辑理路和实践进路——基于“结构—过程”框架的分析［J］. 闽台关系研究，2024（1）.

［76］罗海成，王秉安. 关于创建海西对台合作新区方案的设想［J］. 福建政法管理干部学院学报，2008（3）.

［77］邱皓政，李碧芳. 结构方程模型的原理与应用［M］. 北京：中国轻工业出版社，2012.

［78］任远. 谁在城市中逐步沉淀了下来？——对城市流动人口个人特征及居留模式的分析［J］. 吉林大学社会科学学报，2008（4）.

［79］任远，乔楠. 城市流动人口社会融合的过程测量及影响因素［J］. 人口研究，2010（2）.

［80］任远，邬民乐. 城市流动人口的社会融合：文献述评［J］. 人口研究，2006（6）.

［81］施玮，蒋依娴，王秉安. 移居大陆台胞社会融入研究现状述

评［J］. 台湾研究集刊，2016（1）.

［82］斯宾塞. 社会学研究［M］. 北京：华夏出版社，2001.

［83］舒瑶. 台太的社会融入［D］. 上海：华东理工大学，2010.

［84］宋月萍，陶椰. 融入与接纳：互动视角下的流动人口社会融合实证研究［J］. 人口研究，2012（3）.

［85］唐桦，唐扬，陈超. 常住大陆台胞社会融入的区域差异研究——基于长三角、珠三角、福建地区的比较分析［J］. 闽台关系研究，2020（2）.

［86］田凯. 关于农民工的城市适应性的调查分析与思考［J］. 社会科学研究，1995（5）.

［87］童星，马西恒. “敦睦他者”与“化整为零”——城市新移民的社区融合［J］. 社会科学研究，2008（1）.

［88］汪毅夫. 建设两岸融合发展示范区：历史经验与未来展望［J］. 闽台关系研究，2023（3）.

［89］王秉安. 翔金两岸“一区两制”共建试验区的战略设想［J］. 综合竞争力，2010（1）.

［90］王秉安，施玮. 地方特色文化创意产业和社区：原理、战略与两岸个案［M］. 北京：社会科学文献出版社，2016.

［91］王桂新，罗恩立. 上海市外来农民工社会融合现状调查研究［J］. 华东理工大学学报（社会科学版），2007（3）.

［92］王桂芝. 台湾地区的政治文化特点及其对两岸关系的影响探析［J］. 新西部，2017（13）.

［93］王立业. 社会排斥理论研究综述［J］. 重庆工商大学学报（社会科学版），2008（3）.

［94］王璐，高鹏. 扎根理论及其在管理学研究中的应用问题探讨［J］. 外国经济与管理，2010（12）.

［95］王伟健. 江苏昆山营建十万台胞的“精神家园”［N］. 人民日报，2012-11-12.

［96］王伟男，赵煜. 青年台胞在大陆的社会融入研究——基于在沪台青的实证分析［J］. 闽台关系研究，2021（3）.

[97] 王茹. 台湾“两岸族”的现状、心态与社会融入情况 [J]. 台湾研究集刊，2007 (3).

[98] 王茹. “两岸族”台胞的社会身份认同与两岸命运共同体——从社会认同理论的本土文化心理机制出发的阐释 [J]. 台湾研究集刊，2010 (1).

[99] 王仲. 两百年来台湾文化变迁概述——兼论两岸文化交流的对策 [J]. 上海师范大学学报（哲学社会科学版），2012 (3).

[100] 吴贤卿. 新欢与旧爱：大上海台商认同移转之研究 [D]. 台北：铭传大学，2004.

[101] 吴宜. 建设两岸融合发展示范区，夯实和平统一基础 [J]. 两岸关系，2023 (10).

[102] 肖瑛. 从“国家与社会”到“制度与生活”：中国社会变迁研究的视角转换 [J]. 中国社会科学，2014 (9).

[103] 吴晓林. 结构依然有效：迈向政治社会研究的“结构—过程”分析范式 [J]. 政治学研究，2017 (2).

[104] 习近平. 加强两岸交流，促进祖国统一 [J]. 国防，2000 (3).

[105] 西美尔. 货币哲学 [M]. 陈戎女，耿开君，文聘元译. 北京：华夏出版社，2007.

[106] 夏建中. 社会学的社区主义理论 [J]. 学术交流，2009 (8).

[107] 厦门市台港澳办. 勇立潮头，勇毅前行，全力打造两岸融合发展先行示范区 [J]. 两岸关系，2023 (12).

[108] 谢华平. 在沪台湾人群状况分析及其建议//2003 上海社会报告书（尹继佐主编）[M]. 上海：上海社会科学院出版社，2004.

[109] 熊光清. 欧洲的社会排斥理论与反社会排斥实践 [J]. 国际论坛，2008 (1).

[110] 许传新，许若兰. 新生代农民工与城市居民社会距离实证研究 [J]. 人口与经济，2007 (5).

[111] 严志兰. 在闽台商社会适应研究 [D]. 上海：上海大学，2010.

[112] 严志兰. 大陆台商社会关系网络的类型及其建构过程——以在闽台商为例 [J]. 中共福建省委党校学报，2011 (2).

[113] 严志兰. 跨界流动、认同与社会关系网络：大陆台商社会适应中的策略性——基于福建台商的田野调查 [J]. 东南学术，2011 (5).

[114] 严志兰. 大陆台商社会适应的共性与差异性——基于福建的田野调查 [J]. 福州大学学报 (哲学社会科学版)，2012 (3).

[115] 严志兰. 台湾民众认同问题的历史与现实——以大陆台商社会认同的实证研究为例 [J]. 东南学术，2014 (1).

[116] 杨菊华. 流动人口在流入地社会融入的指标体系——基于社会融入理论的进一步研究 [J]. 人口与经济，2010 (2).

[117] 杨菊华. 中国流动人口经济融入 [M]. 北京：社会科学文献出版社，2013.

[118] 杨黎源. 外来人群社会融合进程中的八大问题探讨——基于对宁波市1053位居民社会调查的分析 [J]. 宁波大学学报 (人文科学版)，2007 (6).

[119] 余潇枫，张东和. 社区主义：公共伦理建设的新走向 [J]. 上海交通大学学报 (社会科学版)，2002 (1).

[120] 悦中山，杜海峰，李树茁，费尔德曼. 当代西方社会融合研究的概念、理论及应用 [J]. 公共管理学报，2009 (2).

[121] 曾嬿芬，吴介民. 重新思考“公民”身份的政治面向：移居中国大陆之台湾人公民身份政策为例 [J]. 政治与社会哲学评论，2010 (3).

[122] 张文宏，雷开春. 城市新移民社会认同的结构模型 [J]. 社会学研究，2009 (4).

[123] 张亚中. 平潭的未来定位：“两岸共同体实验特区” [J]. 中国评论，2010 (12).

[124] 中华人民共和国国务院台湾事务办公室，国务院新闻办公室. 台湾问题与新时代中国统一事业 [M]. 北京：人民出版社，2022.

[125] 钟健英. 从大念“山海经”到建设海峡西岸经济区——改革开放以来福建发展战略的演变 [J]. 福建史志，2008 (6).

［126］中央党校采访实录编辑室．习近平在福建（上）［M］．北京：中共中央党校出版社，2021．

［127］中央党校采访实录编辑室．习近平在福建（下）［M］．北京：中共中央党校出版社，2021．

［128］周大鸣，田絮崖．“台干”的文化调适与群体认同研究——以珠三角地区的“台干”为例［J］．南方人口，2013（4）．

［129］周皓．流动人口社会融合的测量及理论思考［J］．人口研究，2012（3）．

［130］周志怀．“台湾命运共同体”和两岸命运共同体的对立与对接［J］．闽台关系研究，2021（2）．

［131］朱慧，任庆运，何立军．相融共生和谐发展——昆山台商群体社会融入调研分析［J］．中国集体经济，2011（4）．

［132］朱磊，蔡礼辉，陈锦涵．两岸社会融合发展初探［J］．台海研究，2017（4）．

［133］朱力．论农民工阶层的城市适应［J］．江海学刊，2002（6）．

后　记

2014年11月，习近平总书记在视察平潭综合实验区时指出，平潭综合实验区是全国独创，鼓励平潭要继续探索，要推进两岸融合发展。当前，两岸融合发展是推进两岸关系和平发展和祖国统一大业的重要路径，平潭作为对台交流前沿更是承担着探索海峡两岸融合发展新路的时代重任。

2008年底，正值阴历小年，课题组第一次到平潭进行专题调研，一晃近15年时间过去了。从那时起，在许多领导和热心朋友的指导和支持下，课题组成员共同努力、长期坚持，围绕平潭开放开发从不同角度持续开展研究，主持完成了《自由港市视角下的两岸共建特区融合模式构建与对台融合力提升研究》《平潭综合实验区两岸共建模式研究》《平潭对台特区：两岸共建管理模式研究》等国家社会科学基金项目、福建省社科规划项目、福建省科技计划项目等多项纵向课题，同时承接福建省台办、台盟福建省委员会、平潭综合实验区管委会等多项委托课题，形成了一系列研究成果，包括《海峡经济区发展报告》《两岸特色经济合作机制试点链研究》《平潭综合实验区两岸合作共建模式研究》等著作，以及有关研究论文和决策咨询报告等。《两岸融合发展的平潭探索》正是课题组在此背景下，持续研究形成的成果。

在两岸关系形势演化进程中，平潭从早期“五个共同”的两岸合作共建，到当前“三大融合”的两岸融合发展，都是在平潭综合实验区设立宗旨下，探索推进两岸关系和平发展的努力，并取得诸多进展和显著成效，具有非常深远的意义和价值。2023年9月，《中共中央 国务院关于支持福建探索海峡两岸融合发展新路 建设两岸融合发展示范区的意见》正式发布，在总体要求中特别强调提出了“平潭综合实验区对台融合作用充分发挥”的工作目标，并设专条对“加快平潭综合实验区开放发展”的重点任务和具体目标予以明确阐述。开放发展是一个动态过程，平潭理应把握好发展机遇，在两岸融合发展示范区建设中展现先行区域创新探索的时代担当。新时代，福建正全面发力，推动全省各区域全域融合发展，以点带面整体推进，构建福建全域融合发展新格局。从平潭融合迈向全域融合，福建正在探索海峡两岸融合发展新路上迈出更大步伐。

值此书稿出版之际，衷心感谢长期以来给予研究指导与支持的各位领导和两岸学界友人，衷心感谢多年来合作的团队成员韦信宽、蒋依娴、施玮、李志敏等，参与本书写作的部分作者相关成果也在本书中得以呈现，也深深感谢所有参与本书写作的作者的家人们。

罗海成

2024年10月